성경대탐험

구약 ❸권

레위기·민수기

성경이 이끌어 가는 목회지침서

성경 대탐험

구약 3권

레위기·민수기

배국순 목사 지음

The Old Testament Leviticus·Numbers

요단
JORDAN PRESS

성경대탐험에 초대합니다!

우리는 성경이 살아계신 창조주 하나님의 감동으로 기록된 하나님 말씀임을 믿습니다. 그리고 이 말씀이 우리 삶을, 교훈과 책망과 바르게 함과 의로 교육하여 구원과 영원한 생명으로 인도하심을 믿습니다.

성경대탐험은, 초등학생부터 장년에 이르기까지 모든 성도가 매일 성경을 한 장씩 읽고 문제를 풀고 말씀을 묵상 적용하는 시간으로 성경 66권 전체를 배우는 과정입니다.

① 한 주간의 분량(다섯 장) 중 1장을 주일 오전 설교를 통해 강해합니다.

② 주일 저녁 또는 오후예배 시간에 남은 네 장을 강해합니다. 그동안 성경을 읽으며 궁금하던 주제들이 하나님 말씀을 통해 이해되고 하나님의 뜻을 발견하게 됩니다.

③ 새벽기도를 통해, 하루 한 장씩 좀 더 깊게 본문을 이해하게 됩니다.

④ 가정예배 또는 개인 QT 교재로 사용하여 문제를 풀고 묵상과 적용과 기도의 시간을 갖도록 합니다.

⑤ 위의 자료를 영상(홈페이지 또는 유튜브)으로 준비 제공하여 모든 성도가 훈련을 공유하고, 공동체가 함께 성장하도록 돕습니다.

성경대탐험을 통해 개인의 삶과 가정과 교회 공동체에 말씀이 흥왕하게 되면, 하나님만이 하실 수 있는 크고 놀라운 일들이 부흥이라는 이름으로 분명히 나타날 것입니다(사도행전 6:7).

에스라가 여호와의 말씀을 공부하고 지키며 온 이스라엘에 가르치기로 결심하고(에스라 7:10) 전하자, 온 이스라엘이 그 가르침을 준행하기로 맹세하여 새 역사를 맛보았던 것처럼(에스라 10:5), 매일 하나님의 말씀을 한 장씩 읽고 공부하고 실천하면서 가르치기를 결심하는 우리에게도, 같은 회복과 축복과 능력이 임할 것입니다.

성경대탐험을 통해 살아계신 하나님을 만나고, 하나님께서 나를 위해 준비하신 보물창고에서 값진 생명의 보화들을 꺼내어 맘껏 누리는 축복을 기대합니다.

배 국 순 목사

• 배국순 성경대탐험 바이블 목회연구원
• 송탄중앙침례교회 원로목사

훈련참여안내

주제성구 • 에스라 7:10

"에스라가 여호와의 율법을 연구하여 준행하며 율례와 규례를 이스라엘에게 가르치기로 결심하였더라."

- 에스라는 여호와의 율법을 연구(공부)하기로 결심했습니다.
- 에스라는 여호와의 율법을 준행하기로 결심했습니다.
- 에스라는 그 율례와 규례를 이스라엘에게 가르치기로 결심했습니다.
- 온 이스라엘이 가르침을 준행하기로 맹세했습니다(에스라 10:5).

- 성경대탐험을 시작하는 성도에게 성령님의 가르치심이 있을 것입니다.
- 성령님을 의지하고 끝까지 포기하지 말고 공부하십시오.
- 가정예배 또는 개인 QT 교재로 사용하면 더욱 좋을 것입니다.
- 말씀이 흥왕하여 능력이 더하는 가정과 교회로 주님이 세워 가실 것입니다.

훈련 참여 방법

- 주일 오전과 저녁(오후) 예배를 통해 한 주간 분량의 말씀을 듣습니다.
- 새벽기도 참석 또는 영상과 음성으로(PC, 모바일) 다시 말씀을 공부합니다.
- 한 주간(월~금) 매일 1장씩 다시 성경을 읽고 문제를 풀어보고 적용하고 기도합니다.

*혼자 성경을 공부하기 힘든 분들은 교회 도움을 받을 수 있습니다.

훈련에 임하는 약속

"모든 성경은 하나님의 감동으로 된 것으로 교훈과 책망과 바르게 함과 의로 교육하기에 유익하니 이는 하나님의 사람으로 온전하게 하며, 모든 선한 일을 행할 능력을 갖추게 하려 함이라."

· 디모데후서 3:16-17 ·

나는 성경이 하나님 말씀임을 믿으며 나 자신을 말씀으로 훈련하겠습니다.

- 하나. 나는 매일 성경을 한 장씩 읽겠습니다.
- 하나. 성경을 읽고 문제를 풀고 적용하고 기도 하겠습니다.

주후 20 년 월 일

약속자: ____________ (서명)

Contents

레위기

민수기

레위기

Leviticus

레위기 소개

구약의 복음 레위기는 제사장을 위한 예배 지침서로 알고 있지만, 일반 백성도 알고 실행해야 할 제사 규정과 정결한 삶의 규례에 대해 자세하게 가르치고 있습니다.

이스라엘은 시내 산 언약에 따라 "제사장 나라와 거룩한 백성"이 되도록 부름을 받았습니다(출 19:6). 레위기는 제사장들이 하나님께 어떤 예배와 제물을 드려야 하는 가를 설명하는 <예배 책>이면서 "너희는 거룩하라. 이는 나 여호와 너희 하나님이 거룩함이니라"라는 레위기 19:2 말씀처럼, 이스라엘 백성이 하나님 앞에 어떻게 거룩하게 살아야 하는가를 가르치는 <거룩의 책>이기도 합니다.

이스라엘 백성들은 레위기를 소중하게 여겼습니다. 자녀들에게 율법을 가르칠 때 레위기부터 가르쳤습니다. 레위기를 모르면 하나님을 예배할 수 없습니다. 레위기가 언약의 중심입니다. 레위기는 모세가 쓴 다섯 권의 책(창세기. 출애굽기. 레위기. 민수기, 신명기) 중 가운데 있으며, 이스라엘 백성이 출애굽 한 후 시내 산에 도착할 때부터 시작하여(출 19:2) 떠날 때까지 있었던(민 10:11) "시내 산 언약 역사"의 중심부에 있습니다. 레위기는 구약의 복음입니다.

레위기는 우리가 사는 시대에는 행하지 않는 내용들이 있을 수 있지만, 그러나 레위기를 통해 예수 그리스도 안에서 드리는 참된 예배의 정신과 거룩한 백성의 윤리를 배울 수 있습니다.

레 · 위 · 기

1장

본문 소개

이스라엘 백성이 하나님께 드리는 제사는 다섯 가지입니다. **번제. 소제. 화목제. 속죄제. 속건제**입니다. 하나님께 다섯 가지 제사와 제물을 드림으로 하나님을 예배했습니다.

레위기 1~3장은 세 가지 제사에 관해 설명합니다. 1장은 번제, 2장은 소제, 3장은 화목제를 설명했습니다. 세 가지 제사는 모두 화제로 '여호와께 향기로운 냄새'로 바쳤습니다. 1장은 <번제>에 대해 설명했습니다. 번제는 '올라간다'라는 뜻으로 제물을 불태워 하나님이 연기를 받으시도록 드리는 제사입니다.

1. 서론(1:1-2)

사람이 하나님께 나아갈 때는 하나님이 요구하시는 제물을 가져와야 합니다. 구약의 제사는 예배자가 제사를 위해 먼저 준비했습니다. 예배자가 제물을 가져와 죽인 후 가죽을 벗기고 각을 뜨고 자른 다음에 제사장이 피를 제단에 뿌리고 잘라낸 부위를 불에 살라 하나님께 바쳤습니다.

2. 수소 번제(1:3-9)

가장 좋은 제물이 하나님께 바치기에 합당합니다. 흠 없는 수컷 번제가 기본적인 제사였으며 가장 중요한 제사로 하나님을 기쁘시게 하는 향기로운 제사였습니다. 번제는 매일 아침과 저녁에 드려지고, 거룩한 날에 자주 시행된 제사입니다. 제물에 손을 얹어 안수하여 자신의 죄를 그 제물에 옮기는 것은 번제가 죄에 대해 속죄하는 기능이 있기 때문입니다. 속죄는 죄에 대한 하나님의 진노를 피하게 했습니다.

3. 양과 염소 번제(1:10-13)

가장 크고 비싼 제물로부터 가장 저렴한 제물 순서로 설명했습니다. 이스라엘 백성들은 양을 가장 많이 제물로 드렸습니다. 번제를 드리는 순서는 수소를 드리는 순서와 같습니다.

4. 비둘기 번제(1:14-17)

대부분 백성은 양을 제물로 드렸지만, 가난한 사람들은 비둘기로 번제를 드렸습니다.

구약의 제물은 예배자의 대리인이 되어 예배자를 대신하여 죽는 것을 상징했습니다. 번제는 하나님께 제물을 태워 바치는 제사였습니다. 구약에서 예수님의 희생을 가장 잘 상징한 제사가 번제입니다. 십자가에서 돌아가심으로 사람들의 죄를 용서하시고 하나님과의 관계를 회복시켰기 때문입니다(막 10:45, 엡 5:2). 그리스도의 십자가 죽음으로 구약 제사는 폐지되었습니다.

성경 공부

문제❶ 회막(성막)이 이스라엘에 어떤 축복의 의미입니까? (1:1~2)

문제❷ 하나님께 드렸던 제사의 명칭은? (1:3, 10, 14)

문제❸ 번제물에 안수하는 의미는? (1:4)

문제❹ 번제를 드릴 때 쓰이는 제물과, 제물의 자격은? (1:3, 10, 14)

문제❺ 번제 제물을 태우는 것의 의미는? (1:9, 13, 17)

오늘의 묵상

구약의 모든 제사법은 예수 그리스도께서 완성하신 구속 사건의 모형입니다.
번제는 드려지는 제물이 완전히 불태워져 전부가 드려졌던 것처럼, 우리를 위해 마지막 피와 물 한 방울까지 다 쏟고 생명을 주신 예수님의 사랑을 기억하며, 자신의 모든 삶을 완전하게 하나님께 드리는 자기희생과 전적인 헌신을 상징하는 것입니다.

오늘의 적용

나는 하나님께서 받으실만한 제물의 자격을 갖추었습니까?

오늘의 기도

주님이 받으실 수 있도록 흠 없는 삶을 살겠습니다.

레 · 위 · 기

2장

본문 소개

두 번째 제사는 소제입니다. 공식적으로 매일 드려진 번제 후에 항상 소제를 드렸습니다(민 28장). 소제는 곡식을 제물로 드리는 곡물 제사입니다. 소제는 '선물'이라는 뜻입니다.

곡물 제사도 짐승 제사와 함께 하나님이 기뻐하시는 제사로 "여호와께 향기로운 냄새"로 바쳐졌습니다. 소제도 번제처럼 제단에서 불태워 바치는 제사이지만 손을 얹어 안수하여 죄를 옮기는 의식은 없습니다. 소제는 고운 가루와 기름으로 드리는 제물로 '구운 것과 굽지 않은 것'으로 나눌 수 있습니다.

1. 요리하지 않은 소제(2:1-3)

고운 가루는 최상급의 밀가루를 뜻합니다. 요리하지 않는 소제는 고운 가루에 최상급 올리브기름을 유향과 함께 불에 태워 드렸습니다. 소제의 일부만 하나님께 바치고 나머지는 제사장들 몫으로 남겨 두었습니다.

2. 완전히 요리한 소제(2:4-10)

화덕, 철판, 냄비를 이용해 구운 예물을 만들어 하나님께 드렸습니다. 구운 예물을 가져갈 때처럼 기름은 사용했지만, 유향은 첨가하지 않았습니다.

소제는 소제물 일부만 불에 태우고 나머지는 제사장 몫이었습니다. 하나님께 가장 좋은 것을 바치고 남은 제물은 예배자를 위해 봉사하는 제사장들에게 분깃으로 주셨습니다.

3. 소제 첨가물(2:11-13)

누룩과 꿀을 금지했습니다. 모든 소제물은 소금을 쳤습니다. 소금은 부패를 방지하지만 누룩과 꿀은 부패를 일으켰습니다. 누룩은 악한 죄를 상징하고 소금은 시간이 흘러도 변하지 않는 언약의 상징이었습니다.

4. 첫 열매 소제(2:14-16)

소제에 대한 특별한 규례는 '첫 이삭'을 여호와께 가져와서 드리라는 것이었습니다.

추수한 땅의 첫 열매를 소제로 드리는 것은 추수한 모든 곡식이 하나님이 주신 선물임을 고백하는 제사였습니다. 땅의 열매를 하나님께 드림으로 '하나님이 주인'이심과 우리가 누리는 모든 것이 하나님이 주신 선물임을 고백했습니다. 첫 열매 소제는 첫 이삭을 볶아 찧고 그 위에 기름과 유향을 더했습니다.

우리는 끊임없이 하나님의 은혜에 감사하며 살아야 합니다. 감사하며 사는 것이 소제를 드리는 목적으로 소제는 '여호와께 향기로운 냄새'를 올려드리는 예배입니다(2:2, 9, 12).

성경 공부

문제❶ 하나님께 드렸던 두 번째 제사의 종류는? (2:1)

문제❷ 소제 제사에 사용된 예물은? (2:1)

문제❸ 소제물의 남은 것은 누구에게 주었습니까? (2:3, 10)

문제❹ 소제에 금한 첨가물은 누룩과 꿀입니다. 그 이유는? (고전 5:6~8)

문제❺ 소금은 사용합니다. 소금의 의미는? (출 30:35, 민 18:19, 눅 14:34)

오늘의 묵상

고운 가루를 드릴 때 유향을 반드시 함께 드린 것은 하나님께 아름다운 향기도 드리기 위함입니다. 우리가 하나님께 향기로운 성도로 드려지길 원합니다.

"너는 그리스도의 향기라!"(고후2:15)라는 복음성가의 찬양처럼, 다양한 방법으로 하나님께 드렸던 소제 제사와 같이 오늘도 다양한 나의 삶이 하나님께 전부 드려지는 아름다운 향기가 되길 원합니다.

오늘의 적용

누룩과 같은 허물이 무엇입니까? 해결 방법을 적어보십시오.

오늘의 기도

오늘은 저의 언행이 주님의 향기가 되도록 주의하며 살겠습니다.

레 · 위 · 기

3장

본문 소개

세 번째 제사는 화목제입니다. 화목제의 중요한 특징은 하나님이 주신 것을 하나님과 함께 누리는 화평의 제사입니다.
화목제는 세 종류가 있습니다(7:11-16). 1. 감사할 때 드리는 감사제. 2. 서원할 때 드리는 서원제. 3. 자원해서 드리는 자원 제입니다. 화목제의 어원이 건강과 평화와 풍성함을 뜻하기 때문에 나눔의 제사, 안녕의 제사, 제물을 바친 사람이 제물을 먹을 수 있는 제사이기에 친교의 제사로 부르기도 합니다.

1. 소 화목제(3:1-5)

성경에서 번제와 화목제는 함께 언급될 때가 많습니다(47회). 율법은 세 가지 상황에서 화목제를 드리도록 했습니다. 첫째. 칠칠절, 둘째. 나실인 서원이 끝나는 날, 셋째. 제사장 임직식 때에 화목제를 지시하셨습니다.

화목제는 기본적 제사인 번제와 함께 드렸으며 제물의 일부만 제단에서 태우고 나머지는 제사장과 예배자가 먹었습니다.

화목제도 "여호와께 향기로운 냄새"(3:5, 11, 16)로 제물의 특정한 부분을 불사르도록 명령하셨습니다(3:3-4, 9-10, 14-15). 기름은 힘과 번성을, 콩팥은 마음이 머무는 곳으로 여겼습니다.

2. 양 화목제(3:6-11)

제물을 죽이기 전에 예배자가 손을 얹어 안수하는 일, 제사장이 피를 받아 제단에 뿌리는 일, 제물의 일부를 태우는 일은 번제와 화목제가 비슷합니다.

화목제를 '하나님께 드리는 음식'이라고 부르는데 예배자가 하나님께 바쳐진 제물을 먹었기 때문입니다. 음식을 먹는 것은 교제한다는 뜻입니다. 화목제를 드린 날은 축제의 날이었습니다.

3. 염소 화목제(3:12-17)

화목제는 제물의 일부만 태웠습니다. 화목제는 기름과 내장을 태웠는데 양의 경우엔 꼬리까지 태웠지만(9절), 염소는 예외로 하셨습니다.

화목제의 중심적 분위기는 기쁨입니다. 하나님이 복 주신 것에 대해 축하했습니다. 화목제는 하나님과 인간이 화평의 관계를 기념하는 제사입니다. 그리스도를 통해 하나님과 더불어 화목한 우리는 모든 사람과 더불어 화평을 유지해야 합니다.

화목제는 신약의 성만찬을 의미했습니다. "이것을 먹으라 너희를 위하여 주는 내 몸이라."(눅 22:19)라고 말씀하셨습니다. 공동체 잔치를 통해 그리스도 안에서 하나가 된 것을 기뻐했습니다.

성경 공부

문제❶ 3장은 어떤 제사법을 말씀합니까? (3:1)

문제❷ 화목제와 번제에 사용된 제물의 공통점은? (3:1, 6)

문제❸ 화목제를 드릴 때 주의해야 할 것은? (3:17)

문제❹ 제물을 드리는 사람이 제물에 안수하는 의미는? (레위기 16:21 참조)

오늘의 묵상

하나님은 항상 우리가 하나님과 화목하기를 원하십니다. 이것을 위해 아들이신 예수 그리스도를 온 인류의 화목제물로 이 땅에 보내셨고, 십자가에 달리심으로 하나님과 우리 사이에 화목의 다리가 되신 것입니다.

먼저는 우리가 하나님과 화목하고, 그리고 우리 역시 다른 사람과 화목의 관계를 만들어 가야 합니다.

이 시대의 화목제물 되신 예수 그리스도를 전하며 우리도 화목제물로 쓰여야 할 것입니다.

오늘의 적용

하나님과의 관계는 어떻습니까? 회복을 위해 어떤 결단이 필요합니까?

오늘의 기도

저를 위한 화목제물이 되어주신 예수님 감사합니다. 그 역할을 하겠습니다.

레 · 위 · 기

4장

본문 소개

하나님께 자원하여 드리는 제사에서 하나님께서 요구하시는 의무적인 제사에 관해 설명하고 있습니다. 번제. 소제. 화목제가 자원해서 드리는 제사였다면 속죄제와 속건제는 의무적으로 드리는 제사입니다. 죄를 지으면 속죄제와 속건제를 드려야 정결해질 수 있습니다. 속죄제와 속건제를 드리는 방법과 함께 언제 드려야 하는 가에 초점을 맞췄습니다.

속죄제와 속건제 차이를 구분하는 것은 쉽지 않습니다. 두 제사는 거의 같은 제사입니다. 속죄제는 제물만 드리지만, 속건제는 남에게 입힌 피해를 보상한 후에 드렸습니다.

1. 속죄제 소개(4:1-2)

죄가 심각한 이유는 하나님께 대한 인격적 공격이기 때문입니다. 속죄제는 의도적으로 지은 죄엔 적용되지 않고 부주의하여 죄를 지었을 때 드렸습니다.

2. 제사장의 속죄제(4:3-12)

제사장이 부주의하게 죄를 범하면 먼저 자신을 정결케 해야 합니다. 제사장이 정결해야 백성들의 제사를 집례할 수 있습니다. 순서는 다음과 같습니다.

제물을 가져온 제사장이 짐승에 손을 얹고- 제물을 죽임- 제사장이 그 피를 받아 성소로 가져감- 손가락에 피를 적셔 7회 지성소 휘장 앞에 뿌림- 분향단 네 뿔에 피를 바름- 나머지 피를 번제단 밑에 부음- 제물에서 기름기 제거- 번제단에서 기름을 태움- 나머지 제물은 밖으로 가져가 태웠습니다.

3. 온 회중의 속죄제(4:13-21)

이스라엘 백성이 집단적인 죄를 지었을 때 수송아지를 제물로 바쳤습니다. 제사장 속죄제와 비슷한 순서로 드렸습니다. 차이점은 제물이 될 짐승에게 이스라엘 장로들이 백성을 대표하여 안수했습니다.

4. 지도자의 속죄제(4:22-26)

태만이나 무지 때문에 죄를 지은 지도자의 속죄는 번제단에서 다뤘습니다. 제사장과 공동체를 위한 속죄 제물은 가장 비싼 수송아지였지만 지도자와 일반인들은 숫염소나 암염소, 암양을 속죄 제물로 드렸습니다.

5. 개인의 속죄제(4:27-35)

지도자와 같이 성막 뜰 번제단에서 드렸습니다. 지도자와 개인의 속죄제는 짐승의 피를 성소 분향단에 바르지 않고 번제단 뿔에 발랐습니다. 가난한 백성들은 고운 가루 한 컵으로 죄를 용서받았습니다(5:11).

성경 공부

문제❶ 하나님께 드리는 네 번째 제사법은? (4:3)

문제❷ 속죄제는 언제 드리는 제사입니까? (4:2)

문제❸ 죄 사함을 위해 신분별로 드린 제물은? (4:3, 13~14, 22~23, 27~28)

제사장(　　) 회중(　　) 족장(　　) 평민(　　)

문제❹ 제물의 차이는 있지만 모든 사람이 속죄제를 드리는 이유는? (4:2)

문제❺ 제사장의 속죄로 사람의 죄가 사함을 받습니다. 이 의미는 예수님께서 행하신 어떤 사건을 상징합니까? (4:26, 31, 35)

오늘의 묵상

하나님의 법을 어기면 어떤 사람도 예외 없이 죄를 용서받아야만 합니다. 여기에는 세상 모든 사람이 포함됩니다. 또한 지도자의 죄는 공동체에 영향을 미치므로 더욱 자신을 살피고 회개해야 합니다.

제물의 차이는 경제적인 약자를 배려하신 하나님의 사랑과 지도자들의 책임이 반영된 것입니다. 분명한 것은 모두 예외 없이 제물을 드렸습니다.

오늘의 적용

하나님이 지적하시는 내 죄는? 회개하고 정리합시다.

오늘의 기도

저의 ____________ 가지고 십자가로 나아갑니다. 용서해 주옵소서.

레 · 위 · 기

5장

본문 소개

속죄제의 목적은 분명합니다. "제사장이 회중을 위하여 속죄한즉 그들이 사함을 받으리라" 속죄제의 목적은 죄를 용서하고 죄인과 하나님과의 관계를 회복하는 것입니다.

속건제는 '보상의 제사'입니다. 죄는 하나님의 은혜로 값없이 용서받지만, 죄로 인한 피해는 반드시 보상되어야 합니다.

1. 속죄제를 드려야 할 때(5:1-13)

백성들이 속죄제를 드려야 할 구체적인 죄를 세 가지로 구분했습니다.

❶ 증인의 침묵(1절). 공동체와 정의의 문제에 무관심하거나 침묵하고 진실을 말하지 않은 죄를 지었다면 속죄해야 합니다. 법정에서 증인의 책임을 거부하고 침묵하는 것은 죄입니다.

❷ 몸의 부정함(2~3절). 부정한 것에 접촉했을 때 속죄해야 합니다. 부정한 짐승의 사체를 만지거나 부정한 것을 만졌을 때 부정해집니다. 부정함을 깨달았으면 죄를 고백하고 제물을 드려야 합니다. 백성들은 정결법을 지킬 의무가 있습니다.

❸ 지키지 않은 맹세(4~5절). 개인의 진실함에 대한 죄로 맹세에 대한 문제입니다. 저주의 말을 듣고 침묵하거나(1절) 성급하게 맹세하고 지키지 않는 것은 하나님 앞에 죄가 되었습니다.

제물은 암양 또는 암염소 한 마리를 바쳤는데(6절) 형편이 어려우면 산비둘기 또는 집비둘기 두 마리를 드렸습니다(7절). 한 마리는 속죄제로, 한 마리는 번제로 드렸습니다. 속죄제를 먼저 드리고 후에 번제를 드렸습니다. 가난한 사람은 곡물 10분의 1에바(2.3리터로, 한사람이 하루 먹는 양)를 드렸습니다.

2. 속건제를 드려야 할 때(5:14-19)

속건제는 하나님과 이웃에게 끼친 피해를 보상하는 제사입니다.

❶ 성물에 대한 잘못(5:14-16). 여호와의 성물을 부지중에 오용하거나 유용한 것에 대해 속죄했습니다. 하나님께 바친 성물은 거룩합니다. 존경심과 거룩한 예의를 지켜야 합니다. 예배자는 제물과 함께 20%를 더하여 제사장에게 보상했습니다.

❷ 불순종의 죄(5:17-19). 여호와의 계명 중 하나라도 범하여 허물의 죄를 짓고 피해를 준 사람은 속건제를 드려야 합니다.

속건제는 오직 흠 없는 숫양만을 제물로 드릴 수 있습니다. 신분의 귀천과 빈부에 상관없이 한 가지 제물만 드렸습니다.

성경 공부

문제❶ 다섯 번째 제사법은? (5:15)

문제❷ 속죄제를 드리는 상황 두세 가지만 써 보십시오. (5:1~6)

문제❸ 속건제의 보상 규칙에 대해 써 보십시오. (5:16)

문제❹ 속건제에 나오는 "부지중에"라는 사전적 의미는? (5:15, 17, 18)

문제❺ 부지중에 지은 죄도 누구에게 지은 죄가 됩니까? (5:19)

오늘의 묵상

하나님은 잘못에 대한 정확한 피해 보상 규정을 정하셨습니다. 달란트 비유에서도 정확하게 셈하시는 하나님의 모습을 봅니다. 이런 규정들은 우리가 이웃에게 피해를 줄 경우 보상 차원도 있지만 그것을 넘어 이웃에게 잘못을 하지 않는 것이 하나님 마음입니다.

사람에게 잘못하는 것이 하나님 마음을 아프게 하는 것입니다.

오늘의 적용

부지중에 이웃에게 피해를 준 사실이 있습니까? 어떻게 하겠습니까?

오늘의 기도

부지중에 잘못한 것도 그때그때 생각나게 해주옵소서

레 · 위 · 기

6장

본문 소개

5:14-19 본문이 하나님의 소유를 범했을 때 드리는 속건제라면 6:1-7은 이웃의 재산권을 침해했을 때 드리는 속건제에 관해 설명했습니다. 그리고 백성들이 지켜야 할 다섯 가지 제사 규례에 대한 지침을 마치시고 이제 제사장들이 알고 지켜야 할 다섯 가지 제사 규례에 대해 가르쳐 주셨습니다.

1. 속건제(6:1-7)

사람이 이웃의 재산권을 침해한 다섯 가지 상황에 대해 반드시 속건제를 드려야 합니다.

❶ 다섯 가지 범죄. 첫째, 다른 사람이 맡긴 물건을 속이는 경우(2절), 둘째 도둑질(2절), 셋째, 강도질(2절), 넷째, 다른 사람이 잃어버린 물건을 줍고 돌려주지 않을 때, 다섯째 거짓 증인입니다(3절). 이 외에도 죄가 되는 일에 속건제를 드렸습니다.

❷ 법정에서 죄가 있다고 판결되면 속건제를 바치는 날 이웃에게 입힌 피해액에 20%를 더하여 보상했습니다.

❸ 하나님의 성물에 손해를 끼쳤거나 이웃의 소유에 손해를 끼쳤다면 반드시 용서를 구하고 보상해야 합니다.

속건제는 하나님을 사랑하고 이웃을 자기 몸처럼 사랑하라는 예수님의 말씀을 실천하는 행동입니다(마태 22:36-40).

2. 제사장 제사 규례(6:8-30)

제사장은 이스라엘 백성이 제사를 드리는 것을 돕고 섬기는 특별한 역할을 맡았습니다. 제사장들이 지켜야 할 특별한 규례는 다음과 같습니다.

❶ 불이 꺼지지 않게 하라(6:8-13). 제사장의 첫째 의무는 매일 아침과 저녁에 드리는 번제에 대한 것으로 번제단의 불이 꺼지지 않게 해야 합니다. 불은 하나님의 임재를 상징했습니다. 불은 영원한 예배를 상징하며 하나님께 대한 헌신을 표현했습니다.

❷ 향기로운 냄새가 되게 하라(6:14-23). 소제는 백성들이 드리는 정기적인 소제(14~18절)와 제사장들이 성직 임명 때 드리는 소제가 있습니다(19~23절). 백성이 드리는 소제의 일부를 제사장이 먹게 하셨고 제사장이 가져온 소제는 소제물 전부를 하나님께 돌렸습니다. 소제는 제사장들의 영원한 소득이었습니다.

❸ 지극히 거룩한 제사(6:24-30). 속죄제는 지극히 거룩합니다. 속죄제물을 잡는 장소, 먹는 장소, 제사장 옷과 그릇에 대해서 거룩해야 합니다. 피도 거룩하며 제물의 고기도 거룩합니다.

성경 공부

문제❶ 속건제. 사람에게 잘못하고 부인하면 이중으로 죄를 범하는 것입니다. 누구누구를 말합니까? (6:2~3)

문제❷ 하나님이 정하신 보상 기준은? (6:4~5)

문제❸ 희생제물 제사를 위해 소멸하지 않도록 지켜야 할 것은? (6:12~13)

문제❹ 성소에서 나오는 제물을 제사장의 몫으로 주신 이유는? (6:18)

문제❺ 속죄제와 제물은 거룩하게 처리하십니다. 나는 예수님의 구속 사건을 거룩하게 여기고 있습니까? (스스로 답, 참고 6:25~29)

오늘의 묵상

제사 법과 관련한 세부 규례들을 통해 제사와 드려지는 제물, 그리고 제사를 집례하는 제사장이나 제물을 드리는 사람 모두가 하나님께 드려지는 것임을 알고 소홀히 하지 말아야 했습니다.
우리가 드리는 예배 중에 임하시는 하나님을 두렵고 떨림으로 의식하며 언제나 최선을 다하는 예배자가 되어야 합니다.

오늘의 적용

하나님께 드리는 예배를 준비할 때 소홀함이 없이 잘 준비합니까?

오늘의 기도

주님, 제가 거룩한 제사장입니다. 그렇게 살겠습니다. (벧전 2:9)

레 · 위 · 기

7장

본문 소개

제사장의 제사 규례와 의무에 대해 '웬함(Wenham)'은 "하나님의 명령에 세심하고 꼼꼼하게 순종하기 위해 철저하게 주의를 기울이는 것"이라고 했습니다. 하나님께서 제사장에게 주신 특별한 명령들은 거룩한 의미가 있으며, 하나님께 드리는 예배는 최고의 정성과 정확성으로 드리도록 했습니다.

1. 제사장 부양(7:1-10, 28-36)

속건제에 대한 규례에서 제사장들이 받는 제물의 몫에 대해 자세히 언급하셨습니다.

❶ 번제물로 바친 짐승의 가죽은 제사장이 가졌으며(8절), 제물의 일부만 태워 하나님께 바치고 나머지 제물은 제사장의 분깃으로 주셨습니다(7~9절). 제사를 주관하는 제사장들이 하나님께 바치고 남은 제물을 균등하게 분배하도록 규정하셨습니다.

❷ 화목제물 중에 제사장들이 제공받는 특정한 부분에 관해서 설명하셨습니다(28~34절). 제물의 가슴은 항상 아론과 그의 자손, 제사장에게 주어졌습니다(31, 34절). 제물의 일부는 제사장이 받는 영원한 소득이었습니다. 제물의 오른쪽 뒷다리는 제사를 주관한 제사장에게 특별한 몫으로 주셨습니다(33절).

2. 정결한 친교(7:11-27)

화목제에 바친 제물의 일부는 제사장과 예배자들이 성막 안에서뿐 아니라 성막 밖에서도 함께 먹을 수 있었습니다. 정결한 친교가 되기 위해 제물의 정결함을 유지해야 했습니다. 네 가지를 강조했습니다.

1. 제물의 고기. 감사의 제물은 당일에 먹어야 했으며(15절), 서원제나 자원 제물로 가져왔으면 다음 날까지 먹어야 했습니다(16절). 고기를 셋째 날까지 남겨놓으면 부정해졌습니다.
2. 제물로 바친 고기가 부정한 물건에 접촉하여 더럽혀졌으면 불사르고, 예배자들이 먹을 수 없습니다(19절).
3. 제물의 고기는 거룩합니다. 식탁의 참가자들은 고기를 먹기에 적합한 사람인지 스스로 확인해야 합니다(20~21절).
4. 하나님은 피와 기름을 먹는 것을 금지하셨습니다(22~27절). "자기 백성 중에서 끊어지리라" 엄중히 경고하셨습니다.

3. 제사장 규례(7:35-38)

백성들과 제사장이 지켜야 할 예배 규정에 대해 가르치셨습니다. 오늘 우리도 잘 훈련된 목회자의 인도로 하나님이 받으실 예배를 드리도록 힘써야 합니다.

성경 공부

문제❶ 제물을 불에 태워서 드리는 제사 방법은? (7:5)

문제❷ 화목제물을 드릴 때 흔들어 드리는 제사는? (7:30)

문제❸ 화목제물을 드린 세 가지 이유는? (7:15~16)

문제❹ 제물의 처리를 하나님이 정하신 대로 해야 하는 이유는? (7:18)

문제❺ 부정하게 제물을 대하는 사람은 어떻게 됩니까? (7:20~21)

오늘의 묵상

제물을 하나도 남김없이 불살라 드려졌던 것처럼 주님께서도 우리를 위해 자신을 송두리째 주심으로 하나님께 드려졌습니다. 이제는 내가 주님을 위해 나 자신을 드림으로 그분께 온전히 속해야 합니다.

오늘의 적용

나는 하나님께 드릴 때 감사함과 자원함으로 드리고 있습니까?

오늘의 기도

하나님, 로마서 12:1~2 말씀대로 제 몸을 먼저 드립니다.

레 · 위 · 기

8장

본문 소개

하나님이 주도하셔서 아론과 그 아들들을 위한 제사장 위임식을 가졌습니다. 제사장은 거룩함의 관리자, 이스라엘 백성의 교사, 이스라엘과 하나님 사이의 중재자로 부르셨습니다.

제사장은 하나님과 백성에게 충분한 인정을 받고 엄숙하게 직무를 시작하는 것이 중요했습니다. 이제 제사장들이 출애굽기 39장에서 만든 제사장 예복을 입고 취임식을 하게 됩니다.

1. 취임 준비(8:1~4)

아론과 아들들의 성직 임명은 특별하게 하나님을 섬기도록 부름을 받은 사람들에게 합당했습니다. 하나님은 모세에게 안수식에 사용될 물건들을 준비시켰습니다. 의복, 머리에 부을 기름, 제물로 바칠 수소 한 마리, 숫양 두 마리, 누룩 넣지 않은 빵 한 바구니가 준비되었습니다.

2. 제사장 성직 위임식(8:5~13)

아론과 그의 아들들은 희생제물처럼 여호와 앞에 드려졌습니다.

❶ 제사장들은 먼저 물로 씻었습니다(6절). 물로 온몸을 씻는 것은 모든 죄로부터 정결케 되었다는 의미입니다.

❷ 물로 씻는 예식 후에 대제사장 예복(속옷- 띠- 겉옷- 에봇- 에봇 띠)을

입었습니다(7~9, 13절). 가장 중요한 옷은 에봇입니다. 에봇에 12개의 보석이 있고 보석마다 12지파 이름을 기록했습니다(출 28:10). 또한 흉패(가슴받이)를 달고 그 속에 하나님 뜻을 분별하는 우림과 둠밈을 넣었습니다. 그리고 머리에 "여호와께 성결" 글자가 새겨진 거룩한 관을 씌었습니다.

❸ 기름 부음(10~12절). 위임식의 핵심은 기름을 붓는 행위에 있습니다. 네 향료를 혼합하여 특별한 기름을 만들어 부었습니다. 아론에게만 기름 부은 것은 그가 대제사장이기 때문입니다.

3. 위임식 제사(8:14-29)

세 가지 제사를 드렸습니다. 일반적 제사 순서와 다르게 먼저 속죄제(8:14~17)를 드리고 이어서 번제(8:18~21)와 위임제(8:22~29)를 드렸습니다.

4. 일주일 성별(8:30~36)

위임식 제물을 바친 후 제물의 피와 거룩한 기름을 아론과 그 아들들의 옷에 뿌림으로 위임식 순서가 다 끝났습니다(30절). 취임식은 일주일 동안 계속되었습니다(33절). 매일 같은 예식이 반복되었습니다. 백성들에게 순종을 가르쳐야 할 제사장들이 먼저 순종의 본을 보였습니다.

성경 공부

문제❶ 하나님께서 친히 세우신 제사장은? (8:1~2)

문제❷ 제사장 임무 전 모세가 제사장들에게 먼저 행한 의식은? (8:6~13)

문제❸ 모세가 제사장들을 위해 행한 두 번째 의식은? (8:14~17)

문제❹ 하나님이 제사장 제도를 세우신 목적은? (8:34)

문제❺ 아론과 아들들이 하나님의 명대로 제사장 위임식을 수행한 날 수는? (8:33-36)

오늘의 묵상

하나님의 일꾼은 먼저 자신을 헌신하고서야 다른 것을 섬길 수 있었습니다. 그러므로 나 자신부터 온전히 드리는 훈련을 해야 합니다. 순종과 실천이 따라야 합니다.

오늘의 적용

성별은 항상 이루어져야 합니다. 오늘도 어떻게 거룩하게 구별하겠습니까?

오늘의 기도

제가 속한 곳에서 거룩한 제사장으로 살겠습니다.

레 · 위 · 기

9장

본문 소개

'여덟째 날'(9:1)은 새로운 시작을 뜻합니다. 지난 일주일 동안 아론과 그 아들들이 성별 되었고 이제 사역을 시작할 준비가 끝났습니다. 하나님이 그들 가운데 계신 영원한 거처인 성막에 "여호와의 영광"이 그들에게 나타났습니다. 그리고 첫 번째 제사를 하나님께 드림으로 예배 공동체가 시작되었습니다.

1. 아론의 첫 제사(9:1-7)

제사장들이 첫 예배를 주관했습니다. "오늘 여호와께서 너희에게 나타나실 것이니라." 백성들은 시내 산에서 보았던 여호와의 영광을 보게 되었습니다.

제물은 <속죄제- 번제- 화목제- 소제> 순서로 드렸습니다. 제물의 순서는 <용서(속죄제)- 헌신(번제)- 하나님과의 교제(화목제)- 봉사(소제)>를 상징합니다. 제물과 제사는 그리스도를 따르는 제자 도의 중요한 영성이 무엇인지 보여주었습니다.

2. 제사장을 위한 제사(9:8-14)

아론과 그 아들들은 지난 일주일 동안 매일 속죄제와 번제를 드렸습니다. 그리고 다시 속죄제와 번제를 드립니다(8절). 하나님의 임재를 위한 준비 과정입니다. 제사장들은 정결한 사람들이어야 했습니다.

3. 공동체를 위한 제물(9:15-21)

제사장들은 자신들을 위해 제사를 드린 후 이스라엘 공동체를 위하여 네 가지 제사를 드렸습니다. 먼저 죄를 대속하기 위하여 염소를 속죄제로 드리고(15절), 송아지와 양을 번제로 드렸습니다(16절). 곡물로 드린 소제와(17절), 수소와 숫양을 화목제로 드렸습니다(18~21절). 화목제는 하나님과 백성 사이에 교제를 상징하므로 화목제가 모든 예식의 절정이었습니다. 제사의 목적은 하나님을 만나는 데 있습니다. 제사를 통하지 않고 하나님을 만날 수 없습니다.

4. 하나님의 영광(9:22-24)

아론은 백성을 위한 제물을 바친 후 백성에게 복을 선포했습니다(22절). 모세와 회막에 들어갔다가 나와서 백성을 축복했습니다(23절).

그리고 마침내 여호와의 영광이 임했습니다. 시내 산 위에 임했던 하나님의 영광이 이스라엘 성막으로 옮겨왔습니다. 하나님을 예배하는 목적은 하나님 영광을 보기 위함입니다. 하나님 임재가 없는 예배는 죽은 예배입니다. 마침내 여호와의 불이 제단의 제물을 열납하심으로 백성들은 하나님을 만났습니다.

성경 공부

문제❶ 첫 제사를 집전하기 전 제사장 자신을 위해 드린 제사는? (9:7)

문제❷ 아론과 아들들이 첫 제사장 임무로서의 제사를 어떻게 드렸습니까? (9:7, 21)

문제❸ 제사장들이 드린 제사의 제물을 어떻게 받으셨습니까? (9:23~24)

문제❹ 다시 한번 하나님이 정하신 다섯 가지 제사법을 복습하십시오.

번제, (   ), 화목제, (   ), 속건제

오늘의 묵상

제사장들은 백성들을 위한 제사를 집전하기 전 먼저 자신들을 정결하게 하는 속죄 의식을 드린 후 백성들을 위해 제사를 드렸습니다.
예수님께서도 우리를 위해 자신을 먼저 기꺼이 주셨습니다.
우리는 언제나 하나님 앞에 나아가기 전 자신을 먼저 살피는 일이 있어야 합니다. 나는 잘 준비하고 예배들 드립니까? 관람자처럼 앉아 있지는 않습니까?

오늘의 적용

예배와 봉사의 일을 하기 전 왜 나를 정결하게 해야 합니까?

오늘의 기도

예배를 인도하는 목회자들과 예배를 드리는 성도들이 준비되게 하옵소서.

레 · 위 · 기

10장

본문 소개

하나님께서 성막과 제사를 통해 이스라엘 백성 가운데 함께 거주하셨습니다. 여호와의 영광이 성막에 임하고 하나님은 거룩한 불로 첫 번째 제물을 열납하셨습니다. 그러나 하나님의 영광은 비극으로 바뀌었습니다. 하나님의 자비로운 임재를 나타내기 위해 임했던 불이 이제 심판의 불이 되었습니다.

1. 나답과 아비후의 범죄(10:1-7)

나답과 아비후는 하나님이 명하신 불이 아닌 다른 불(금지된 불)로 분향했습니다.

❶ 다른 불이 무엇인지 확실하지 않습니다. 중요한 것은 나답과 아비후가 하나님을 무시하고 불순종했다는 사실에 있습니다.

❷ 이 사건은 비극으로 끝났습니다. 불이 여호와 앞에서 나와 그들을 삼켰습니다. 하나님이 신속하게 나답과 아비후를 처벌하신 이유는 하나님 영광 때문입니다. 불순종으로 하나님의 영광과 거룩한 처소를 더럽히는 사람들을 즉시 심판하셨습니다.
여호와의 성막과 제사가 시작된 시점에서 나답과 아비후의 무례한 봉사를 용납하셨다면 머지않아 이스라엘 전체가 하나님에게서 멀어질 것을 미리 경고하신 심판이었습니다.

2. 회막의 규례(10:8-11)

제사장이 회막에 들어갈 때 포도주나 독주를 마실 수 없습니다. 거룩한 것과 속된 것을 구별하고, 부정한 것과 정한 것을 정확하게 구별하려면 판단력이 분명해야 합니다. 나답과 아비후가 술에 취해 실수했기 때문에 술에 대한 규례를 강조하셨는지도 모릅니다.

3. 제물의 규례(10:12-20)

모세는 아론과 아들들에게 하나님께 드리는 제사를 집례할 때 반드시 하나님이 지시하신 법에 따라 끝까지 정확하게 섬길 것을 강조했습니다.

❶ 먼저 백성들이 가져오는 제물 중 제사장이 먹을 수 있는 것을 한 번 더 확인해 주었습니다(12~15절). 더 이상 실수하지 않으려면 제사의 율법과 규례를 마음에 새겨야만 합니다.

❷ 결국 사건이 터졌습니다(16~20절). 아론과 남은 아들들이 백성이 바친 속죄 제물을 먹지 않고 다 태워버렸습니다. 제사장이 속죄 제물을 먹지 않으면 죄가 용서받을 수 없기에 큰 잘못입니다. 그러나 아론은 그 제물이 아들들의 죽음으로 부정해진 것을 염려했습니다. 아론의 말을 듣고 모세가 이해했습니다.

성경 공부

문제❶ 하나님의 불이 나타나 나답과 아비후를 삼킨 이유는? (10:1~2)

문제❷ 하나님은 자신의 영광을 누구에게 나타내 보이십니까? (10:3)

문제❸ 제사장들이 하나님 앞에서 반드시 금해야 할 것과 그 이유는? (10:9~10)

문제❹ 화제물 중 소제의 남은 것을 처리하는 방법은? (10:12~13)

오늘의 묵상

그리스도인의 삶의 규범은 세상에 있지 않습니다. 성도에게는 하나님의 말씀이 우리 삶의 규범입니다. 이것이 성도가 세상에서 거룩함을 유지하고 승리하며 그리고 세상을 변화시키고 살리는 방법입니다.

성도는 세상의 놀이문화 등 우리의 거룩함을 무감각하게 만드는 것에서 자신을 구별해야 합니다.

오늘의 적용

아직 세상 습관대로 살고 있습니까? 정리하고 버려야 할 것이 있습니까?

오늘의 기도

주님이 싫어하시는 __________ 을 버리고 정리하겠습니다.

레 · 위 · 기

11장

본문 소개

레위기 11~15장은 정결한 삶에 관한 규정을 가르쳐 주었습니다. 거룩한 하나님의 백성은 먹는 음식에서부터 세상 사람들과 달라야 합니다. 레위기 다섯 장은 일상생활에서 거룩한 것과 부정한 것에 관해 설명해 주었습니다. 본문에서 가르치는 내용들은 현대 사회에 잘 맞지 않는 내용이지만 중요한 것은 하나님 백성들은 먹는 것, 인간관계, 직장과 일상생활에서 거룩해야 하며 세상 사람과 달라야 한다는 사실입니다.

먹는 음식 규정. 하나님은 우리의 삶에서 모든 것을 다스리시며 모든 시간과 장소에서 섬김을 받으시는 분입니다. 하나님은 먼저 먹는 음식에 대한 정결 규례를 지시하셨습니다.

1. 11:1-8. 땅에 사는 짐승. 음식으로 먹을 수 있는 짐승은 굽이 갈라지고, 되새김하는 짐승이어야 합니다. 부정하다는 것은 그 짐승들을 먹어서는 안 될 뿐 아니라 시체를 만져서도 안 된다는 뜻입니다. 가죽이나 뼈도 사용할 수 없습니다.
2. 11:9-12. 물고기와 물에 사는 생물. 지느러미와 비늘이 있는 물고기는 정결하고 먹을 수 있습니다.
3. 11:13-19. 공중의 새. 식용이 금지된 새는 대체로 다른 짐승과 새를 잡아먹거나 죽은 짐승을 먹는 종류들입니다.

④ 11:20-23. 날개 가진 곤충. 네 발로 걷는 날개 달린 벌레는 모두 먹을 수 없습니다. 예외는 메뚜기처럼 다리와 발이 있어 뛸 수 있는 곤충들은 정결하며 먹을 수 있습니다.

⑤ 11:24-40. 만지면 부정하게 되는 주검. 먹는 것 외에 만지거나 옷에 닿으면 부정해지는 것이 있습니다. 1. 부정한 짐승의 사체를 만졌을 경우(26~28절). 2. 땅에 기어다니는 짐승들의 사체를 만졌을 경우(29~38절). 3. 정결한 짐승의 사체를 만졌을 경우(39~40절). 모든 짐승의 사체는 부정합니다.

⑥ 11:41-47. 땅에 기어다니는 짐승. 땅에 기어다니는 짐승은 먹을 수 없습니다(41절). 하나님이 부정한 것과 정결한 것을 구별하라고 하신 이유를 44절에 말씀하셨습니다. "내가 거룩하니 너희도 몸을 구별하여 거룩하게 하라." 거룩한 하나님의 백성들은 먹는 것부터 세상 사람들과 달라야 합니다. 신약시대에 부정한 음식에 대한 제한은 그리스도를 통해 제거되었습니다.

성경 공부

문제❶ 11장 전체에서 가장 핵심이 되는 단어는?

문제❷ 하나님 백성이 먹을 수 있는 짐승과 물고기의 조건은? (11:3, 9)

문제❸ 하나님께서 금하신 것을 대하는 태도는? (11:8, 11, 13, 20, 23)

문제❹ 짐승으로 부정해 진 자는 어떻게 해야 합니까? (11:24, 25, 28, 40)

문제❺ 정한 짐승과 부정한 짐승에 대해 자세히 기록한 이유는? (11:44, 45)

오늘의 묵상

하나님은 주님의 백성들이 이 세상 가운데서 정결한 것과 부정한 것을 구분하며 살기 원하십니다. 어떤 특별한 시간만이 아니라 매일의 삶 속에서 하나님은 우리가 거룩하고 정결한 삶을 살기 원하십니다.
'내가 거룩하니 너희도 거룩할지어다'라는 말씀을 나의 삶 속에 적용하기 위해 나는 무엇을 해야 합니까?

오늘의 적용

하나님께서 나를 보실 때 어떻게 여기실까요? 거룩함을 위해 무엇이 필요합니까?

오늘의 기도

나의 거룩함을 방해하고 해치는 것을 피하고 버리겠습니다.

레 · 위 · 기

12장

본문 소개

"내가 거룩하니 너희도 거룩할지어다"(레 11:45). 정결법은 유대인들에게 가장 중요한 문제로 예수님이 사역하시는 동안 자주 충돌을 일으키곤 했습니다. 이스라엘 백성은 정결법을 지킴으로 다른 민족들과 자신들을 구별하는 경계선으로 삼았습니다. 11장에서 음식으로 인해 부정해지는 것에 대해 말씀하신 후에 12~15장은 신체적인 요인으로 부정하게 될 때 정결해지는 방법을 가르쳤습니다. 레위기에서 가장 짧은 12장은 아이를 낳은 산모에게 '출산으로 인한 부정'에 대해 설명했습니다.

1. 출산으로 인한 부정(12:1-5)

아이가 태어나는 것은 하나님이 주신 복입니다(창 1:26-28). 죄로 인해 여자에게 더해진 것은 출산의 고통이지 출산 자체는 아니었습니다(창 3:16). 여인이 아이를 낳으면 부정해졌습니다. 출산할 때 피와 분비물이 나오기 때문입니다. 산모가 아이를 낳으면 2~6주 동안 자궁에서 분비물이 배출된다고 합니다. 이때 나오는 분비물을 부정하다고 했습니다. 산모를 부정하다고 한 것은 여자가 가장 연약할 때 보호하시려는 하나님의 은총이 숨겨져 있습니다.

❶ 산모가 아들을 낳으면 7일 동안 부정하고, 33일 동안 정결 기간을 가져야 합니다. 딸을 출산할 경우 산모는 14일 동안 부정하며,

66일 동안 정결 기간을 가져야 합니다.

❷ 여자아이가 출생할 때 더 오래 정결 기간을 갖는 것은 여자만이 갖고 있는 신비로운 생산력 때문입니다. 여자에게 주신 자궁은 생명의 집입니다. 모든 인류는 어머니의 자궁에서 생명체로 성장하기에 여자아이가 태어난 것을 더 기뻐하고 기념하기 위해 두 배로 더 부정하다고 반어법적으로 말씀하셨습니다.

2. 부정을 해결하는 방법(12:6-8)

산모는 정결 기간이 지나면 성전에 가서 제물을 드려야 합니다. 번제로 바칠 1년 된 양 한 마리와 속죄제로 드릴 집비둘기 또는 산비둘기 한 마리를 드렸습니다(6절). 가난한 사람은 비둘기 두 마리를 가지고 하나는 번제로 하나는 속죄제로 드릴 수 있었습니다(8절).

예수님이 태어나셨을 때 8일 만에 할례를 받으셨고 마리아는 비둘기 두 마리를 예물로 드렸습니다(눅 2:21-24). 예수님도 가난한 자가 드리는 예물을 드리셨습니다.

성경 공부

문제❶ 여인이 남자아이를 낳으면 부정한 기간은? (12:2)

문제❷ 남자아이를 낳고 팔 일째 해야 하는 것은? (12:3)

문제❸ 여자아이를 낳았을 때 부정한 기간과 깨끗해지기 위한 기간은? (12:5)

문제❹ 여인이 출산 후 정결하게 되는 기한이 차면 드리는 제사는? (12:6)

문제❺ 이때 드려지는 제물은? (12:6, 8)

오늘의 묵상

당시 산모의 부정함은 시간과 제물을 드림으로 정결해질 수 있었지만, 지금의 우리는 오직 예수 그리스도의 보혈로 정결해질 수 있다는 것을 늘 기억해야 합니다.

오늘의 적용

과거 주님을 모를 때 잊고 있던 죄도 회개합니다. 그것들을 찾아보고 회개합시다.

오늘의 기도

회개를 기뻐하시는 주님, 주님을 알기 전의 잘못들을 회개합니다.

레 · 위 · 기

13장

본문 소개

정한 것과 부정한 것을 구별하는 제사장 의무에는 악성 피부병 증상을 보이는 사람과 오염된 옷과 건물의 부정 여부에 관한 판단도 포함되었습니다. 13장에서 말하는 증상은 한센병과 일치하지 않습니다. 악성 피부병은 한 가지 질병이 아니라 여러 가지 다양한 피부질환을 총체적으로 말하고 있습니다.

1. 피부병(13:1-46)

악성 피부병에 대한 규례는 제사장들이 피부병을 보고 처리하도록 주신 지시 사항입니다.

❶ 일반적인 진단(13:1-17). 누구나 피부병이 생기면 제사장에게 보여야 합니다. 제사장은 두 가지 기준으로 판단했습니다. 털 색깔과 우묵하게 들어간 피부 모양입니다. 각 증상에 따라 제사장이 처리해야 했습니다(5~8절, 9 ~11절, 13~14절). 질병이 확산되거나 다른 사람에게 전염되는 것을 막았습니다.

❷ 특별한 경우(13:18-44). 종기가 생겼다가 나은 자리에 다시 부스럼이 생기면 제사장을 찾아가야 합니다(18~19절). 불에 피부를 데었을 때도 제사장에게 보여야 합니다(24~28절). 머리나 수염에 염증이 생겨도 제사장을 찾았습니다(29~37절). 필요하면 격리하는 등

제사장의 처리 방법은 다른 질병에 대한 것과 동일합니다. 피부에 희끗희끗한 얼룩이 생기면 제사장에게 검사를 받아야 합니다(38~39절). 대머리는 부정하지 않지만 종기가 나고 진물이 나면 제사장에게 가야 했습니다(42~43절).

③ 부정한 사람의 의무(13:45-46). 악성 피부병 환자는 세 가지를 해야 합니다. 첫째. 옷을 찢고 머리를 풀었습니다. 둘째. "부정하다, 부정하다." 외쳐야 합니다. 셋째. 다른 사람에게 감염되지 않도록 진 바깥에서 혼자 따로 살아야 합니다.

2. 오염된 천(13:47-59)

사람 피부뿐 아니라 옷감이나 가죽 제품에 대한 곰팡이에 대한 정결 유지 규정입니다.

오염된 옷감과 가죽을 처리하는 방법은 악성 피부병을 앓는 사람을 다루는 방법과 비슷합니다. 피부병은 죄를 닮았습니다. 적절히 차단하지 않으면 죄가 빠른 속도로 확산합니다.

우리는 먹는 것에서부터 입는 옷과 덮는 이불에 이르기까지 세상 사람과 구별된 거룩한 산 제물이 되어야 합니다(롬 12:1).

성경 공부

문제❶ 환부를 보고 진찰하여 부정함을 판정할 수 있는 사람은? (13:2, 3)

문제❷ 나병이 확실하면 제사장이 환자에게 내리는 처방은? (13:8)

문제❸ 피부에 생긴 종기가 나병인지가 분명하지 않으면? (13:21)

문제❹ 나병 환자는 옷을 찢고 머리를 풀며 무엇을 외쳐야 합니까? (13:45)

문제❺ 의복이나 가죽에 나병이 번졌으면 불살랐던 영적 의미는?
(데살로니가전서 5:22 참조)

오늘의 묵상

나병에 대한 정확한 진단이 필요한 이유는 그것이 죄를 의미하기 때문입니다. 또 방치하면 쉽게 전염되고 심각한 상태로 빠져들기 때문입니다. 따라서 작은 것일지라도 방심하거나 소홀히 여기지 않는 자세가 필요합니다.

오늘의 적용

죄 또는 죄와 관련된 것들을 어떻게 정리할 것인지 생각하고 실천해 봅시다.

오늘의 기도

죄를 싫어하시는 주님, 죄와 벗하지 않도록 노력하겠습니다.

레 · 위 · 기

14장

본문 소개

악성 피부병(나병)으로 격리된 사람이 다시 정결하게 되면 정상적인 삶으로 회복되었습니다. 14장은 치유된 사람들이 어떻게 정상적인 삶과 성전 제사에 참여할 수 있는지를 알려주었습니다. 악성 피부병에서 완치된 사람을 정결하게 하는 이 예식은 율법의 정결 예식 중에 가장 상세하고 세부적입니다.

1. 치유된 사람의 정결 예식(14:1-32)

회복의 절차가 있습니다. 제사장이 완치 선언을 하고, 제물을 드린 후에야 공동체와 정상적인 삶으로 돌아갈 수 있습니다. 먼저 진 밖에서 진찰하고(3절), 치유되었으면 진 안으로 들어오는 것을 허락하고(8절), 최종적으로 성소에서 정결 절차를 마무리합니다(11절).

❶ 진 밖에서의 절차(14:1-9). 제사장을 불러 완치 판정을 받으면 두 마리의 정결한 새, 백향목 가지, 홍색 털실 한 뭉치, 우슬초 한 포기를 준비했습니다(4절). 정결 선언을 받은 사람은 옷을 빨고, 털을 모두 밀고 물로 목욕하고 진으로 돌아왔습니다.

❷ 성전에서 드리는 제사(14:10-32). 진으로 돌아온 지 8일째 되는 날 제물을 갖고 성막에 갔습니다. 제물을 드리면서 원망은 감사로 변하고 죽음의 그림자는 생명으로 바뀌었을 것입니다. 먼저 속건제

로 숫양을 드리고 속죄제로 숫양을, 마지막으로 번제와 소제를 드렸습니다. 또한 온몸이 완치되었음을 기념하여 제물의 피와 기름을 귀와 손가락과 발가락에 발랐습니다.

2. 건물에 생기는 곰팡이(14:33-53)

옷감과 가죽에 이어 건물에 생기는 곰팡이에 대한 회복 과정을 설명했습니다. 집에서 생긴 곰팡이에 대한 진단은 옷감과 가죽 제품에 관한 것과 비슷합니다. 제사장이 먼저 조사하고(35~37절), 일주일 후 두 번째 조사를 했습니다(38~39절). 그다음에 최종 판결했습니다. 제사장은 가능한 집을 파괴하지 않는 범위 내에서 최선의 조처를 내리지만, 곰팡이가 다시 나타나면 집을 허물었습니다.

3. 결론(14:54-57)

예수님은 죄로 인해 더러워진 우리를 그리스도의 보혈로 용서하시고, 정결하게 하신 후에 하나님과의 교제를 회복시켜 주셨습니다. 그리스도의 보혈로 정결함을 얻는 사람들은 날마다 죄에 대해 죽고 하나님께 대해 산 자로 살아야 합니다. 정결한 인격과 행동이 하나님께 거룩합니다.

성경 공부

문제❶ 나병 진단은 제사장에게, 정결함을 위해서는 누구에게 보였습니까? (14:2)

문제❷ 나병 환자의 1차 정결 예식을 위해 필요한 것은? (14:4)

문제❸ 2차 정결 예식에 드리는 제사는? (14:12, 19, 20)

문제❹ 두 차례에 걸친 정결 예식을 어느 장소에서 해야 합니까? (14:3, 13)

문제❺ 악성 나병이 발생한 집은 어떻게 처리합니까? (14:45)

오늘의 묵상

나병 환자가 깨끗함을 얻기 위해 2차에 걸쳐 정결 예식을 행합니다. 정결 예식은 죄로 죽어야 하는 사람에게 하나님의 약속에 참여할 수 있는 길을 열어주신 예수 그리스도의 구속 사역을 상징하는 것입니다. 십자가를 통해 영생의 길을 여신 주님과 얼마나 친밀한 사랑의 관계를 맺고 있습니까?

오늘의 적용

하나님과의 친밀함을 위해 내가 실천할 수 있는 것을 써 봅시다.

오늘의 기도

죄의 무서운 번식력을 압니다. 죄의 모양도 버리겠습니다.

레 · 위 · 기

15장

본문 소개

부정한 짐승과 정결한 짐승에 대한 규례에서 시작하여 악성 피부병과 의복과 건물의 곰팡이에 대한 정결법을 가르치신 후에 사람의 생식기관 유출물 때문에 발생하는 부정함에 대해 말씀하셨습니다. 12장에서 인생의 중요한 출산을 언급하시고 이제 생명의 도구인 생식기관 부정에 대해 알려주셨습니다.

1. 남자의 비정상적인 유출(15:1-5)

남자의 생식기관에서 고름이 흘러나오면 부정합니다(2절). 남자가 눕는 자리, 만지는 사람, 그 사람이 만진 것, 앉는 자리, 침만 튀겨도 부정합니다. 부정하게 된 사람은 옷을 빨아 입고 목욕을 해야 합니다. '목욕하라'는 말이 15장에 모두 12번 반복되었습니다.

2. 남자의 정상적인 유출(15:16-18)

남자가 정액을 흘리면 온몸을 씻어야 하며 저녁까지 부정합니다. 성관계의 기본적 목적은 생명을 탄생시키는 것인데 생명을 낭비하게 하는 것을 부정하게 여겼습니다. 성은 생명의 관점에서 봐야 합니다.

3. 여자의 정상적인 유출(15:19-24)

여자가 매월 월경으로 피를 유출하는 것은 정상적입니다. 여자는 7일 동안 부정합니다. 부정한 동안 여자를 만지는 남자나 물건도 모두 부정해집니다. 고대사회에서 여자는 사춘기가 지나면 결혼했고 아이를 많이 낳았으며, 영양상태가 좋지 않고 폐경기가 일찍 왔기에 월경이 불규칙했습니다. 하나님께서는 여성을 최대한 보호하셨습니다. 가혹한 규례가 아니라 축복의 규례였습니다.

4. 여자의 비정상적인 유출(15:25-30)

월경 때가 아닌데도 여러 날 동안 피가 유출될 경우 피가 흐르는 동안 여자는 부정합니다. 부정한 여자의 손에 닿는 것마다 부정해졌습니다. 유출이 멈추면 7일을 기다렸다가 8일째 되는 날 비둘기 두 마리를 성전에 가져가 하나는 속죄제를 드리고 하나는 번제로 드렸습니다(30절). 여성을 존중하고 품위를 지켜주셨습니다.

5. 결론(15:31-33)

하나님은 모든 부정에서 떠나도록 명령하셨습니다. 백성이 부정하면 하나님이 떠나셔야 합니다. 백성의 부정함이 하나님 성막을 더럽히게 되고 성막이 더러워지면 하나님이 백성을 떠나셔야 합니다(31절). 그리스도인도 육과 영의 더러운 것에서 정결해야 합니다(고후 7:1).

성경 공부

문제❶ 유출 병을 가진 자를 어떻게 규정합니까? (15:2)

문제❷ 유출 병으로 인해 부정해지는 범위는 어디까지입니까? (15:4)

문제❸ 유출 병에서 깨끗해져 정결하게 되려면? (15:13~15)

문제❹ 유출 병자와 직·간접 접촉자는 어떻게 해야 합니까? (15:5~11)

문제❺ 부정함을 씻기 위해 필요한 두 가지와 그 상징은? (14장, 15장)

오늘의 묵상

유출 병자가 접촉하는 것을 모두 부정한 것으로 규정하는데 그 이유는 죄와 접촉하는 것은 쉽게 오염되며 변질되기 때문입니다. 따라서 우리는 항상 죄를 경계해야 하며 악은 그 모양이라도 버려야 하는 것입니다. 말씀 앞에서 버려야 될 죄는 무엇입니까?

오늘의 적용

죄인 줄 알면서도 감추고 지속해 온 것은? 주님께 고백하고 사죄의 기쁨을 누리십시오.

오늘의 기도

보고 듣는 것을 조심하겠습니다. 잘 분별하고 거절하겠습니다.

레 · 위 · 기

16장

본문 소개

16장은 "대 속죄일"에 대해 설명했습니다. 대 속죄일 규례는 "율법의 지성소"로 구약 종교 핵심이며 레위기의 절정입니다. 이스라엘 백성들에게 일 년 중 가장 즐거운 날입니다. 모든 죄가 다 용서받고 죄가 완전히 없어지는 날이었습니다.

1. 서론(16:1-2)

대 속죄일은 가장 거룩한 달 7월 10일에 지켰습니다. 아론은 오직 1년에 한 번 지성소에 들어가도록 허락받았으며 백성들은 금식했습니다. 지성소에 있는 법궤의 덮개는 죄를 감당하는 역할 때문에 '속죄소'라고 불렀습니다. 죄를 용서했기에 속죄소를 "자비의 보좌"라고 불렀습니다.

2. 제물과 예복 준비(16:3-5)

대제사장 아론은 자신을 위해 속죄 제물로 수송아지 한 마리와 번제물로 숫양 한 마리를 바쳤습니다. 대제사장은 미리 준비한 세마포 옷을 입었으며 몸을 씻은 후에 예복을 입었습니다. 대제사장이 먼저 자신을 정결하게 한 후에 속죄 사역을 시작했습니다.

3. 속죄일 절차(16:6-10)

두 마리 염소 중 제비 뽑아 제물로 바칠 염소와 광야로 보낼 염소를 정했습니다. 광야로 보내는 염소는 '아사셀을 위한 것'이라 불렀습니다. 아사셀은 광야에 있는 깊은 계곡의 이름으로 추정합니다.

4. 속죄일 제사(16:11-28)

속죄일에 백성의 속죄를 위해 대제사장이 해야 할 일을 더 자세하게 설명했습니다.

❶ 제사의 시작(16:11-14). 대제사장이 지성소로 들어갈 준비를 했습니다. 향기로운 향연이 하나님을 가려 주었습니다. 지성소 안에 들어가 수송아지 피를 속죄소 앞에 뿌렸습니다.

❷ 속죄(16:15-19). 백성의 죄를 속하기 위해 염소의 피를 속죄소 앞에 일곱 번 뿌렸습니다. 그리고 뜰에 있는 번제단에 염소의 피를 바르고(18절), 일곱 번 피를 뿌렸습니다(19절).

❸ 아사셀(16:20-22). 아사셀 염소는 백성들의 모든 죄와 반역을 대신 지고 최대한 멀리 떠나므로 죄가 용서되었습니다.

❹ 속죄의 마무리(16:23-28). 대제사장은 옷을 갈아입고 목욕하고 자신과 백성을 위해 제물을 바쳤습니다.

5. 결론(16:29-34)

속죄일은 영원한 규례입니다. 그리스도가 대제사장이시며 동시에 속죄 제물이 되셨습니다. 그리스도께서 속죄일이 되셔서 우리의 모든 죄를 용서하셨습니다.

성경 공부

문제❶ 속죄 소에 아무 때나 들어갈 수 없는 이유는? (16:2)

문제❷ 대제사장이 백성의 속죄제를 드리기 전 누구의 죄에 대해 먼저 사함을 받아야 합니까? (16:6)

문제❸ 백성의 속죄 제물인 두 염소는 각각 어떻게 사용됩니까? (16:9, 10)

문제❹ 대 속죄일은 언제입니까? (16:29)

문제❺ 대 속죄일의 규례를 지켜야 할 대상은? (16:29)

오늘의 묵상

속죄일에 백성들은 일을 하지 않고 스스로 괴롭게 함(16:29, 31)을 통하여 자신을 성찰함으로 예식에 참여했습니다. 그리스도인은 예수님이 대제사장이 되셔서 자신을 대신 속죄 제물로 드리셨기에 더 이상 제사를 반복할 필요가 없습니다(히 10:19~22). 속죄일 규례는 인류를 구원하기 위해 십자가에 돌아가신 예수 그리스도의 중보 사역의 예표라고 할 수 있습니다. 예수님의 십자가를 묵상합시다.

오늘의 적용

예수님께서 나를 위해 이루신 구원 사역을 글로 써 보십시오.

오늘의 기도

주님, 십자가에서 저를 위해 이루신 구원의 은혜를 감사합니다.

레 · 위 · 기

17장

본문 소개

레위기 17장에서 26장을 "성결 법전"이라고 부릅니다. 거룩한 삶에 대한 실행 지침을 법률로 제정하셨습니다. 하나님이 거룩하신 것처럼 주의 백성들도 거룩해야 합니다.

예배 생활과 가족과의 관계, 결혼, 장례, 절기에 대해 거룩한 삶의 규정을 가르쳐 주셨습니다. 또한 순종과 불순종에 대한 언약적 축복과 저주에 대해서도 강조하셨습니다.

17장은 1-16장과 18~26장의 다리 역할 또는 전환점 역할을 하는 장입니다. 17장 앞부분은 성소 내에서의 거룩함을 보여주고 17장 뒷부분은 성소 밖에서의 거룩함을 다뤘습니다.

17장은 "제사와 피"에 대한 이중적 규례를 강조했습니다(3~4절, 10~11절). '생명과 피에 대한 신성한 규정'을 깨달은 사람들이 하나님과 동행하며 거룩한 삶을 살 수 있습니다.

1. 거룩한 예배(17:1-9)

하나님께 드리는 희생제물을 도살하는 법에 대해 지시하셨습니다. 하나님께 드리는 제물은 반드시 여호와의 성막 앞에서 잡아야 합니다.

❶ "회막 문"을 4번 강조했습니다. 하나님께 드리는 거룩한 제물은 거룩한 곳에서 잡아야 합니다. 금지 명령을 위반한 사람에게 가장 무거운 형벌이 내려졌습니다. 그 사람은 "피 흘린 자로 여길 것이라" 백성 중에서 끊어질 것을 경고하셨습니다.

❷ 식용으로 가축을 도살하는 것은 아무 데서나 허용되지만 우상에게 제물을 바치려고 도살하는 것을 금했습니다. 제물은 오직 하나님께만 바칠 것이며 다른 신에게 제물을 바치면 이스라엘에서 끊어질 것입니다. 끊어진다는 것은 언약 공동체에서 추방된다는 뜻입니다. 우상숭배는 영적 간음입니다(7절).

❸ 피의 제사는 오직 성막에서 드려야 합니다(8, 9절).

2. 거룩한 식생활(17:10-16)

하나님은 피 먹는 것을 금지하셨습니다(3:17, 7:26). 회막 문에서 제물을 잡지 않거나(9절) 피를 마시는 자도 이스라엘에서 끊어졌습니다. 피를 먹지 말아야 할 이유는 첫째, 생명이 피에 있기 때문입니다. 둘째, 이스라엘은 제물의 피를 통해 죄가 용서받기 때문입니다(11절). 짐승의 피가 죄를 사하는 것은 짐승의 생명으로 사람의 생명을 대신한 속죄 제물이기 때문입니다.

성경 공부

문제❶ 희생제물은 반드시 어디서 잡아야 했습니까? (17:4)

문제❷ 들에서 잡던 제물도 제사장을 통해 여호와께 드렸는데 그 제사는? (17:5)

문제❸ 먹기 위해 잡는 짐승도 제사의 형식을 갖추도록 하는 이유는? (17:7)

문제❹ 육체의 생명은 (　　)에 있음이라 내가 이 (　　)를 너희에게 주어 제단에 뿌려 너희의 생명을 위하여 속죄하게 하였나니 생명이 (　　)에 있으므로 (　　)가 죄를 속하느니라. (　　)속에 들어갈 단어는? (17:11)

문제❺ 육체의 생명이 피에 있기에 피를 먹는 자는 어떻게 됩니까? (17:14)

오늘의 묵상

우리가 가졌고 누리는 전부는 하나님의 소유입니다. 따라서 우리의 모든 행위는 하나님 앞에서 이루어져야 하고 또 하나님 앞에 먼저 드려야 합니다. 우리가 하나님의 소유를 인정하지 못하면 그것은 우상이나 잘못된 것을 위해 쓰이게 됩니다.

오늘의 적용

내 소유가 하나님 것임을 인정합니까? 목록을 적고 위임해 봅시다.

오늘의 기도

제 몸과 소유가 하나님 것임을 인정하겠습니다. 변하지 않겠습니다.

레 · 위 · 기

18장

본문 소개

18장은 건강한 가족의 성 윤리에 대해 가르치고 있습니다. 무엇보다 금지된 성 윤리에 대해 가장 포괄적이고 상세하게 기록했습니다. 금지된 성관계를 구체적으로 설명하면서 가족에 대한 소중함을 강조하고 있습니다. 거룩한 삶의 윤리에서 결혼과 가족이 가장 먼저 언급되는 것은, 가족이 사회의 기본적 뼈대이기 때문입니다. 가정이 있어야 사회가 있고, 가정이 무너지면 사회가 무너지고 언약 공동체가 흔들리게 됩니다.

1. 이방인들을 본받지 말라(18:1-5)

하나님은 가족생활에 해를 끼치는 다양한 성적 행위를 금지하셨습니다.

이스라엘에 애굽과 가나안 사람들이 하는 일을 따라 하지 말고 하나님이 명령하신 법도와 규례를 행하라고 지시하셨습니다. 하나님의 백성은 본질적으로 다른 삶을 살아야 합니다. 애굽과 가나안 사람들은 근친상간 성 풍습을 갖고 있었습니다. 그들의 타락한 풍습을 본받지 말고 하나님 계명에 순종해야 합니다.

2. 금지된 성관계(18:6-20)

길은 하나입니다. 하나님 명령에 순종하는 삶이 풍성한 삶을 사는 비결입니다(5절).

가장 먼저 혈육, 가족과의 성관계를 금지했습니다(6절). 성에 대한 규례에서 여섯 가지의 혈육 관계와 결혼으로 맺어진 여덟 가지의 관계 등, 총 14개의 성적 이탈에 대해 경고했습니다.

이웃의 아내와 간음해도 안 됩니다(20절, 출 20:14). 간음은 큰 죄로 인정되었으며 심각한 죄로 취급되었습니다(20:10).

3. 세 가지 성관계(18:21-23)

가나안 사람들은 자녀를 신에게 제물로 바쳤는데 그중 하나가 몰렉이었습니다(21절). 동성애는 망측한 짓/가증한 일이기 때문에 금지하셨습니다(22절). 동물과의 관계도 인간을 짐승 수준으로 낮추는 행위였습니다.

4. 위법자에 대한 징계(18:24-30)

하나님의 금지 명령을 어길 경우 어떤 벌을 받게 될지를 경고했습니다. 가나안 사람들처럼 가증한 일을 하다가 심판을 받으면 가나안 사람과 똑같은 사람으로 취급되고, 하나님이 가나안 사람을 버리신 것처럼 이스라엘 백성도 버림받게 될 것입니다.

성적 타락의 시대에서 하나님의 백성은 하나님이 주신 가정에 대한 가치관과 거룩함의 기준을 따라 살아야 합니다.

성경 공부

문제❶ 애굽과 가나안의 어떤 풍속과 규례를 따르지 말아야 합니까? (18장)

문제❷ 18:6~18절에서 하나님은 무엇을 금지하십니까?

문제❸ 문란한 성생활 등, 가증한 일을 행한 자는 결국은? (18:29)

문제❹ 18장이 말씀하는 주제는? (18:30)

문제❺ 현재 심각한 현상 중 하나가 성과 관련된 것입니다. 해결을 위해 그리스도인들이 할 수 있는 일은 무엇입니까?

오늘의 묵상

하나님은 성과 관련된 주제를 정확하고 분명하게 말씀하십니다. 이것은 거룩한 삶의 윤리에 중요하기 때문입니다. 그리스도인이 하나님이 정하신 기준에서 실패하면, 그것은 개인과 가정, 그리고 사회와 국가를 쓰러트리게 됩니다.

하나님 백성은 그분이 정하신 거룩한 가치관의 기준을 따르는 사람입니다.

오늘의 적용

성과 관련된 성경의 가르침을 나는 잘 따릅니까? 자녀들은?

오늘의 기도

불륜, 동성애 등, 음란에 빠진 사람들을 치유해 주옵소서.

레 · 위 · 기

19장

본문 소개

레위기 19장은 가장 위대한 윤리 헌장 중 하나입니다. 모세오경의 중심 주제를 간추린 <율법 요약문>과 같습니다.
19장은 하나님 백성이 '거룩한 나라로 산다'라는 높은 수준의 윤리를 보여주었습니다(출 19:6). 유대인들은 일상적인 삶에서 신앙과 삶에 대해 이상적 균형을 유지하기 위해 레위기 19장을 자주 읽고 묵상했습니다. "나는 여호와 너희의 하나님이다" "나는 여호와다"라는 선언이 19장에서 15번 반복됩니다.

1. 부모와 하나님(19:1-8)

"너희는 거룩하라 이는 나 여호와 너희 하나님이 거룩함이니라"(2절) 레위기 주제이며 복음의 주제입니다. 하나님은 거룩한 삶으로 우리를 부르셨습니다.

❶ 거룩한 백성의 첫 번째 의무는 부모를 공경하는 일입니다(3절). 하나님께 하듯 부모를 공경하고 사랑하라는 뜻입니다. 하나님이 기뻐하시는 거룩함과 경건은 가정에서부터 시작됩니다.

❷ 두 번째 의무는 하나님을 경외하는 삶입니다. 하나님을 경외하는 사람은 안식일을 거룩하게 지키고(3절), 우상숭배 하지 않으며(4절), 가족과 함께 화목제를 드리는 사람입니다(5~8절).

2. 공동체 윤리(19:9-18)

이스라엘 백성이 추구해야 할 공동체 가치관입니다. 기본적 윤리는 연약한 자에 대한 배려입니다(9-10절). 사회적 약자들도 추수의 기쁨을 누리도록 배려해야 합니다. 하나님 백성은 다른 사람에게 피해를 주어서도 안 됩니다(11~18절). 서로의 인권과 재산권을 존중해야 합니다. 다른 사람의 재산을 도둑질, 사기, 속임수로 빼앗을 수 없으며(11~12절), 억압과 폭력으로 강제로 빼앗아도 안 됩니다(13~14절). 모든 사람은 공평한 대우를 받아야 하며 서로 사랑해야 합니다.

3. 개인적 윤리(19:19-37)

"너희는 내 규례를 지킬지어다" 윤리의 다양한 주제를 다루었습니다. 첫째, 창조 질서입니다. 짐승, 씨앗, 옷감 재료를 섞지 말라(19절). 둘째, 결혼을 앞둔 여자 노예에 대한 성폭력 규례(20~22절). 셋째, 과일나무를 심었으면 삼 년 동안은 먹지 말고 넷째 해 소산물은 하나님께 드리고 다섯째 해부터 먹으라(23~25절). 넷째, 절대 피를 먹지 말라(26절), 그리고 네 가지 이방인 풍습을 따르지 말 것을 명령하시고 다른 사람을 존중하는 몇 가지 교훈을 더 하셨습니다.

성경 공부

문제❶ 하나님이 모세를 통해 이스라엘 자손에게 내리신 명령은? (19:2)

문제❷ 19:4~8절까지는 누구를 향한 명령입니까?

문제❸ 추수와 관련된 규례에 담긴 하나님 마음은? (19:9, 10)

문제❹ 19:9~18까지는 사람에 대한 규례로, 그 주제는? (19:18)

문제❺ 19장에 기록된 규례를 지키도록 강조하기 위해 반복 사용한 말은?

오늘의 묵상

하나님은 여러 가지 규례를 주시며 “나는 너희의 하나님 여호와니라”라는 표현을 십여 차례 말씀하십니다. 이것은 규례와 법도를 지키는 것이 선택이 아니라는 말씀입니다. 성도에게 필수적으로 요구되는 가치관이고 세계관입니다.

“내가 거룩한 것처럼, 너희도 거룩하라.”(19:2) “하늘에 계신 너희 아버지의 온전하심과 같이 너희도 온전하라.”(마 5:48)

오늘의 적용

나는 주님을 얼마나 닮았다고 평가할 수 있습니까? 100%를 기준 숫자로 스스로 점수를 준다면?

오늘의 기도

거룩함이 삶에 드러나도록 의식적으로라도 노력하며 살겠습니다.

레 · 위 · 기

20장

본문 소개

그리스도인은 사형을 지지해야 하는가? 사형을 지지하는 사람들은 레위기 20장을 근거하여 주장하고 있습니다. 20장은 18~19장에서 선포된 율법을 어길 경우 하나님 심판과 사형을 선언하셨습니다. 18~19장에 기록된 죄의 목록이 반복되고 있습니다. 밀그롬(Milgrom)은 "이스라엘에서 사형에 해당하는 범죄는 모두 열일곱 가지"라고 했습니다. 살인, 납치, 중과실, 불순종, 간음, 동성애, 특정 형태의 근친상간, 거짓 예언, 안식일 위반, 신성모독, 우상숭배, 주술, 점치는 것이 포함되었습니다.

1. 거룩한 예배(20:1-8)

가장 가까운 가족에서부터 가장 먼 관계를 따라 하나님의 처벌 규정을 지시하셨습니다.

❶ 몰렉 숭배 금지령부터 시작합니다(18:21). 몰렉을 숭배하는 범죄는 우상숭배와 살인을 동시에 저지르는 이중범죄입니다. 이런 행위에 대해 이중 형벌을 가하셨습니다. 몰렉에게 자식을 바치는 자들에게 죽음(2절)과 끊어버리시는 것(3절)입니다.
만일 이스라엘 공동체가 형벌을 집행하지 않으면 하나님이 직접 진노하셔서 형벌하실 것을 경고하셨습니다(4~5절).

❷ 주술 행위도 이중 징벌을 받았습니다. 점쟁이나 무당을 찾는 자도

공동체에서 끊어졌으며(6절) 돌로 쳤습니다(27절). 하나님의 백성은 오직 하나님을 예배하고 섬기는 사람들입니다.

2. 거룩한 가족 관계(20:9-21)

가정을 파괴하는 모든 성적 부도덕함은 사형에 해당합니다. 부모를 저주하는 자(9절), 다른 남자의 아내와 간음하는 자(10절), 근친상간 성관계는 모두 사형하라고 명령하셨습니다. 이복자매와 결혼, 고모나 이모 등 가족, 친족과 성관계를 맺는 사람은 이스라엘 공동체에서 끊어지는 저주를 받았습니다. '끊어지는 것'은 인간 법정 재판이 없어도 일찍 죽거나 계보가 멈추는 것을 뜻합니다.

하나님 백성들은 가정에서부터 거룩함이 지켜져야 합니다.

3. 거룩한 땅의 거주(20:22-27)

이스라엘 백성이 약속의 땅 가나안에서 계속 거주하려면 하나님 말씀에 순종해야 합니다. 하나님께서 이스라엘 백성을 거룩하게 구별하셨습니다. 가나안 백성과 구별된 거룩 윤리를 지킴으로 이스라엘 백성이 하나님이 선택한 백성임을 스스로 증명하기를 원하셨습니다.

성경 공부

문제❶ 자식을 몰렉에게 주면 '돌로 쳐 죽였습니다' 왜입니까? (20:3)

문제❷ 접신한 자와 박수무당을 따르는 자에 대한 처리는? (20:6, 27)

문제❸ 남자가 엄마와 딸을 함께 취했을 경우, 그 처리는? (20:14)

문제❹ 하나님이 주신 율법을 준수하지 않으면? (20:22)

문제❺ 하나님이 이스라엘의 거룩함을 요구하신 두 가지 이유는? (20:26)

오늘의 **묵상**

말씀은 성적 타락과 우상숭배가 같이 간다고 하십니다. 하나님을 섬기는 사람은 성적 문란의 죄를 범하지 않습니다. 하나님 백성에게 종교의 자유는 없습니다. 오직 전심으로 하나님만 섬겨야 합니다. 끝없는 사랑과 인내로 구속사를 끌어가시지만 또한 엄한 순결의 법을 세우시고 때가 되면 법에 따라 심판하십니다. 하나님은 사랑하시지만 공의의 사랑을 이루어 가십니다.

오늘의 **적용**

운세나 점치는 것, 주술 행위 등을 가볍게 여겼습니까? 왜 버려야 합니까?

오늘의 **기도**

하나님을 더욱 전심으로 예배함으로 악한 행위들을 이기겠습니다.

레 · 위 · 기

21장

본문 소개

이스라엘 백성이 거룩한 백성으로 살려면 영적 지도자들의 인도가 필요했습니다. 레위기 21, 22장에서 제사장의 자격과 기준을 제시한 이유입니다. 하나님은 영적 지도자들을 통해 하나님 백성을 더 높은 곳에 이르도록 격려하고 계십니다. 제사장과 주검, 제사장의 결혼, 제사장의 건강, 제사장과 헌물 등 제사장들이 연관된 규례를 가르쳤습니다. 21장에 "나는 너희를/저희를 거룩하게 하는 여호와니라."를 반복했습니다.

1. 제사장의 가정생활(21:1-9)

장례와 결혼은 가정에서 가장 중요한 행사입니다. 제사장은 평생 사람의 시체를 만질 수 없습니다. 가까운 혈육 장례식에만 참석할 수 있습니다. 이방인의 '죽은 자 숭배 풍습'을 따라 머리털과 수염을 밀거나 칼자국을 내서도 안 됩니다(5절). 제사장은 결혼 상대를 신중하게 선택해야 합니다. 창녀, 몸을 버린 여자, 이혼한 여자와 결혼할 수 없습니다. 제사장은 하나님께 거룩히 구별된 사람이기 때문입니다(6, 8절). 하나님을 섬기는 사람은 몸가짐, 삶의 방식에서 거룩하게 구별되어야 하며 자녀들도 경건해야 합니다(9절).

2. 대제사장의 가정생활(21:10-15)

대제사장의 장례와 결혼에 대해 지시했습니다. 기름 부음은 대제사장만이 받았습니다. 그러므로 대제사장에게 요구되는 기준은 일반 제사장보다 더 엄격했습니다. 일반 제사장은 혈육의 장례식은 허용했지만, 대제사장은 어떤 장례식 참석도 거부 되었습니다.

대제사장은 오직 처녀와 결혼해야 합니다. 가장 거룩해야 할 대제사장이기에 순결한 여자를 택해야만 했으며 제사장 가문의 여자와만 결혼할 수 있었습니다. 이스라엘의 영적 지도자들은 절대 헌신과 정결한 삶으로 하나님을 섬기도록 하셨습니다.

3. 제사장의 신체 조건(21:16-24)

제사장은 흠 없는 신체를 갖추어야 합니다. 제사장 자손 중 신체적 결함이 있는 사람은 제사장 음식은 먹을 수 있지만 제사장 사역을 할 수는 없습니다. 제사장 사역을 수행할 수 없는 신체적 결함 12가지 목록을 제시했습니다. 하나님을 완전한 사람이 완전한 제물을 드릴 것을 요구하셨습니다. 하나님을 섬기는 제사장은 흠 없는 생활 방식에 알맞게 정신과 신체의 균형을 가져야 했습니다.

성경 공부

문제❶ 제사장이 시신을 가까이할 수 있는 예외는? (21:2, 3)

문제❷ 제사장에게 요구하시는 하나님의 성품은? (21:6, 7)

문제❸ 백성들은 제사장을 어떻게 대해야 합니까? (21:8)

문제❹ 시신이 관련된 일에서 대제사장이 제사장과 다른 것은? (21:11)

오늘의 묵상

제사장은 정결하고 거룩해야 합니다. 그러나 정결함과 거룩함은 제사장에게만 요구하지 않습니다. 왕 같은 제사장인 모든 성도에게도 주님은 요구하십니다.

성도는 신체적으로 영적으로 온전해야 합니다.

오늘의 적용

제사장의 생활에 대해 써 보십시오.

오늘의 기도

어둠에서 불러내어 그분의 기이한 빛에 들어가게 하신 아름다운 덕을 선포하는 제사장으로 살겠습니다.

레 · 위 · 기

22장

본문 소개

레위기 21장과 22장은 제사장 규례를 다뤘습니다. 하나님의 음식을 드리는 제사장은 거룩해야 하며 백성들도 제사장을 거룩하게 여겨야 했습니다. 구약시대엔 제사장들이 백성과 하나님 사이에 중보자가 되었습니다. 신약시대엔 그리스도를 믿고 구원받은 하나님의 자녀들이 거룩한 제사장으로 부르심을 받아 하나님을 섬기게 하셨습니다. 율법을 따라 완전한 제물을 드리는 제사장은 몸과 영혼이 온전해야 합니다.

1. 제사장의 음식 규례(22:1-9)

백성들이 드린 제물을 먹을 때 제사장은 정결할 때만 먹을 수 있습니다. 부정할 때 거룩한 음식을 먹으면 면직되거나 죽을 수 있습니다(3, 9절). 제사장 부정 규례를 반복해서 가르치셨습니다. 하나님 앞에 가까이 다가가 성물을 다루는 제사장은 더 철저히 복종해야 합니다. 제사장 규례에 대한 불순종은 최악의 대가를 치러야 합니다.

2. 제사장의 음식 조건(22:10-16)

제사장만이 먹을 수 있는 음식에 대해 두 가지 규례를 가르쳤습니다. 첫째. 제사장과 함께 사는 가족, 이방인, 고용된 일꾼들이 먹을 수 있는 음식의 범위(10~13절). 둘째, 일반인이 실수로 제사장 음식을 먹었을 때를(14~16절) 설명했습니다. 일반인들은 하나님께 바친 제사 음식을 먹을 수 없습니다(10, 13절). 제사 음식을 먹을 수 있는 사람은 제사장이 값을 내고 소유한 종과 가족들입니다. 일반인이 모르고 제사 음식을 먹었다면 음식값의 20%의 값을 더하여 제사장에게 갚아야 합니다(14절).

3. 거룩한 제물(22:17-33)

제사장은 하나님께 드리는 제물의 품질에 주의해야 했습니다. 제물이 하나님께 합당한지 판정하는 중요한 임무를 수행했습니다. 백성들은 흠 없는 온전한 짐승을 드려야 합니다. 최상의 제물을 기쁨으로 드려야 합니다.

❶ 부적합한 제물의 목록(22, 24~25절).

❷ 서원제가 아니라 자원 제는 흠 있는 제물 허용(23절).

❸ 제물은 태어난 지 일주일 지나야 한다(26~28절).

❹ 감사제 제물은 당일에 제물을 다 먹어라(29~30절).

하나님께 드리는 제물은 하나님의 존귀함에 합당한 제물이어야 합니다. 하찮은 제물로 하나님 이름을 더럽힐 수 없습니다.

성경 공부

문제❶ 성물을 속되게 했을 경우 어떤 형벌이 임했습니까? (22:3, 9)

문제❷ 성물을 먹을 수 있는 제사장 가족의 범위는? (22:10~13)

문제❸ 여호와께 드리는 제물의 기준은? (22:19)

문제❹ 하나님께 드릴 제물은 난 지 며칠이 지나야 합니까? (22:27)

문제❺ 하나님께서 이스라엘의 하나님이 되시려고 행하신 일은? (22:31~33)

오늘의 묵상

이스라엘을 애굽에서 구원하심으로 하나님이 이스라엘의 하나님이 되셨듯이, 예수님은 십자가에서 자신의 생명을 주심으로 온 세상의 구세주가 되셨습니다.

그리스도인은 거룩한 하나님과 동행하고 그분의 뜻에 순종하며 하나님의 영광을 위해 사는 사람입니다.

오늘의 적용

하나님의 기쁨 되기 위하여 내가 취해야 할 것과 버려야 할 것은?

① 취해야 할 것 :

② 버려야 할 것 :

오늘의 기도

그리스도인으로서 무분별한 식생활을 주의하겠습니다.

레 · 위 · 기

23장

본문 소개

여호와의 절기가 선포되었습니다. 절기는 이스라엘의 정체성을 나타내고 하나님 백성의 연합과 통일성을 유지하는 중요한 역할을 했습니다. 절기는 봄(4-22절)과 가을(23~43절)로 제정되었으며 절기는 숫자 7을 중심으로 만들어졌습니다.

1. 안식일(23:1-3)

하나님이 정하신 절기 중 첫 절기는 안식일입니다. 엿새 동안 열심히 일하고 안식일엔 반드시 쉬어야 합니다. 거룩한 모임을 열고 노동을 금지했습니다. 안식일은 7번째 날이며 이스라엘은 7개 절기를 지켰습니다.

2. 유월절과 무교절(23:4-8)

유월절은 출애굽을 기념하는 절기이며, 유월절 양을 먹는 날입니다. 무교절은 유월절 다음날부터 일주일 동안 누룩 없는 빵을 먹는 절기입니다.

예수님은 유월절의 어린양으로 오셨으며 교회는 누룩 없는 빵처럼 순결하고 진실한 공동체여야 합니다(고전 5:7).

3. 초실절(23:9-14)

보리 추수 첫 곡식단을 하나님께 제물로 드리기 전까지 햇곡식을 먹을 수 없습니다(14절). 곡식단은 무교절이 끝난 다음 날에 하나님 앞에 번제와 함께 드렸습니다. 예수님은 부활의 첫 열매가 되셨습니다(고전 15:20-23).

4. 오순절(23:15-22)

보리 수확 첫 곡식단을 바친 후 50일째 되는 날, 두 번째 밀 추수를 드렸습니다(15~16절). 유월절이 이스라엘 독립기념일이라면 오순절은 교회 기념일이라 할 수 있습니다. 오순절에 신약교회가 시작되었습니다(행 2:1).

5. 나팔절(23:23-25)

이스라엘 백성에게 가장 중요한 달이 일곱 번째 달입니다. 중요한 절기가 7월에 세 개가 있습니다. 일곱 번째 달 첫날에 나팔을 불어 중요한 달의 시작을 알리는 나팔절로 지켰습니다. 나팔은 '기억하라'는 뜻입니다.

6. 대 속죄일(23:26-32)

속죄일에 대한 상세한 규례는 16장에서 설명했습니다. 본문은 속죄일에 대해 두 가지 추가 정보를 제공합니다. 속죄일을 지켜야 할 시간과 속죄일을 지키지 않는 자들에 대한 하나님 심판이 경고되었습니다(29절).

7. 초막절(23:33-44)

한 해의 마지막 절기입니다. 7월 15일부터 한 주간동안 지켰습니다. 백성들은 출애굽 후 광야 생활을 기념하며 초막에서 지냈으며, 가나안 땅에서 풍성한 추수를 베풀어 주신 하나님 감사하는 절기였습니다.

성경 공부

문제❶ 안식일을 보내는 올바른 태도는? (23:3)

문제❷ 무교절 기간에 먹을 수 있는 빵은? (23:6)

문제❸ 첫 추수 열매를 먹기 전에 해야 할 것은? (23:9~14)

문제❹ 추수 기쁨과 감사의 표로 가난한 자들을 위해 한 것은?? (23:22)

문제❺ 광야 시절 하나님 은혜를 기억하며 지켰던 절기는? (23:33~44)

오늘의 묵상

안식일의 주인은 하나님이십니다. 하나님께서 제정하신 절기에는 모든 백성이 쉼을 통하여, 하나님께 드리는 제물을 통하여 거룩한 관계를 맺고 새로운 삶을 결단하는 것입니다.

절기는 이스라엘 백성들이 하나님 앞에서 지향해야 할 거룩한 삶을 가르치십니다.

오늘의 적용

하나님의 은혜를 기억하며 살고 있습니까? 나만의 기억법은?

오늘의 기도

아침마다 주님의 은혜를 상기하고 시작하겠습니다.

레 · 위 · 기

24장

본문 소개

24장은 성소의 성물을 바르게 관리하는 규정을 소개했습니다. 성소의 물건 중에 '등잔과 진설병'에 대한 관리법을 설명했는데 두 가지 성물 관리는 평범하지만, 성소에서 가장 중요한 섬김이었습니다. 성물 관리에 대해 설명하다가 하나님의 이름을 모욕한 자에 대한 처벌과(10~16절) 인간관계에서 지나친 보복을 통제하는 '동해보복법'에 대해 언급했습니다(17~23절).

거룩한 성소 안에서 하나님을 섬기기 위해 등잔불과 떡을 관리하는 것만큼 중요한 영성이 모든 일에 하나님 이름을 존중하는 것과 인간관계 복수를 하나님께 의탁하는 일입니다.

1. 거룩한 등불과 거룩한 떡(24:1-9)

"계속해서" 모두 네 번 나옵니다(2, 3, 4, 8절). 등잔불은 매일 돌봐야 하고 진설병은 매주 교체해야 합니다. 일상적인 섬김이었습니다. 하나님의 큰 절기를 주관하거나 많은 제사를 드리는 것만큼 중요했습니다.

하나님을 섬기는 사람들은 큰일을 맡기 전에 먼저 평범하고 작은 일상적인 일에도 신실하게 하나님을 섬기는 것을 배워야 합니다. 제사장들은 성전에서 평범한 일에 충성됨으로 하나님께 더 가까이 갈 수 있음을 깨달았습니다.

진설병은 항상 12개를 만들었습니다. 누룩 없는 고운 밀가루로 만들어 안식일마다 진열된 빵을 교체했습니다. 교체된 빵은 제사장들이 거룩한 장소에서 먹었습니다. 진설병은 하나님과 이스라엘 교제의 상징이었으며, 신약에서 예수님은 세상의 빛과(요 8:12) 생명의 떡으로 오심을 상징했습니다(요 6:35). 우리는 매일 주님과 동행하도록 부르심을 받았습니다.

2. 거룩한 이름(24:10-23)

인간관계에서 일어나는 두 가지 중요한 거룩한 삶에 대해 가르쳤습니다.

❶ 여호와의 이름(24:10-16). 하나님의 이름을 모독한 혼혈 남자가 있었습니다. 하나님의 이름을 모욕한 자는 누구든지 죽일 것을 명령하셨습니다. 하나님께 대한 신성모독은 가장 큰 죄였습니다.

❷ 신성 모독한 자와 살인한 자는 사형에 처했습니다. 율법의 일반 원리는 <복수법>입니다. 생명은 생명으로 보복했습니다. 눈은 눈으로, 이는 이로, 짐승은 짐승으로 갚았습니다. 동해복수법은 하나님의 공의를 실천하는 규정이었습니다.

성경 공부

문제❶ 등잔의 기름은 어떤 것을 사용해야 합니까? (24:2)

문제❷ 진설 병은 언제 새로 공급했습니까? (24:8)

문제❸ 바꾸어 나온 떡은 누가 어디에서 먹었습니까? (24:9)

문제❹ 여호와의 이름을 모독하고 저주한 자를, 그 말을 들은 사람들이 어떻게 해야 합니까? (24:14~16)

문제❺ 죄를 범한 것에 대해 거류민이든 본토인이든 같게 적용해야 하는 이유는? (24:22)

오늘의 묵상

성막 안에 있는 등불과 떡 앞에는 '계속해서', '항상'이라는 단어가 붙어 있습니다. 하나님은 이것을 영원한 언약, 영원한 규례라고 말씀하십니다. 등잔불은 제사장들이 24시간 꺼지지 않도록 지켰습니다. 등불은 기도와 연결되고, 기름은 성령을 상징합니다. 성막 안에서 항상 등잔불이 타올랐듯이 성령의 거하시는 전인 우리 역시 기도의 등불을 항상 켜야 합니다. 그리고 진설병 떡은 12지파인 동시에 영의 양식인 하나님의 말씀입니다.

오늘의 적용

하나님과 항상 계속 교제하기 위한 실천 계획이 세워져 있습니까?

오늘의 기도

매일 정해진 시간에 하나님 말씀을 읽고 기도하겠습니다.

레 · 위 · 기

25장

본문 소개

하나님께서 가나안 땅을 기업으로 주셨습니다. 그러나 땅에 대한 주인은 하나님이셨습니다. 하나님은 안식년과 희년 제도를 통해 땅의 소유권이 하나님께 있음을 가르치셨습니다. 안식년과 희년의 정신은 땅의 주인이 하나님이심을 고백하고 이웃에게 사랑을 실천하고 사회정의 실현에 있습니다.

1. 안식년(25:1-7)

어떤 땅이든 6년을 경작하고 7년째 되는 해에 땅을 쉬게 해야 합니다. 6년째 되는 해에 수확하고 난 후 새로 자라난 것은 거두지 말고 가난한 사람들을 위해 남겨 두어야 합니다. 7년 중 1년 농사를 포기하는 것은 15%의 수확을 포기하는 것과 같습니다. 그래서 하나님은 안식년을 잘 지키기만 하면 복을 내리실 것을 약속하셨습니다.

2. 희년(25:8-22)

49년째 되는 해 희년을 알리는 나팔을 불었습니다. 7월 10일 대 속죄일이 희년의 시작입니다. 희년엔 토지를 원래 주인에게 돌려주었으며, 채무자의 빚을 탕감했고 노예는 해방해 주었습니다. 토지를 거래할 때 희년이 얼마나 남았느냐에 따라 가격이 정해졌습니다(15절).

이스라엘 백성에게 토지를 사고파는 일은 땅의 소유권을 파는 게 아니라 다음 희년까지 경작권을 파는 제도였습니다(16절). 하나님의 명령에 따라 땅을 주인에게 돌려주고 서로에게 긍휼을 베푼다면 하나님은 전년도 수확물로 3년을 살게 하시고(18~19절) 모든 필요를 채워주시겠다고(20~22절) 약속하셨습니다.

하나님이 땅의 주인이심을 신뢰하도록 가르치셨습니다.

3. 소유권(25:23-38)

이스라엘은 땅의 소유권을 매매할 수 없습니다. 땅은 하나님의 소유이기 때문입니다. 하나님은 이스라엘에 땅의 소유권을 주신 게 아니라 사용권을 주셨습니다. 백성들은 재정적 어려움으로 땅을 팔았어도 50년마다 반복되는 희년을 기대하며 희망에 찼습니다. 가난한 사람이라도 희년을 새로운 삶의 출발점으로 삼을 수 있었습니다.

4. 주인과 종의 관계(25:39-55)

땅뿐 아니라 사람에 대해서도 희년이 선포되었습니다. 이웃을 노예로 살 경우 종이 아니라 형제로 대해야 합니다. 이스라엘 백성은 하나님의 소유된 백성이므로 하나님 외에 누구도 주인이 될 수 없습니다.

성경 공부

문제❶ 당신이 알게 된 희년에 대해 써 보십시오.

문제❷ 하나님을 경외하는 사람이 이웃에게 하지 말아야 할 행위는? (25:17)

문제❸ 안식년 규례와 법도를 지키면, 몇 년의 양식을 약속하십니까? (25:18~22) (21)

문제❹ 하나님이 땅과 모든 것의 주인이심을 인정하고 고백하는 행위는? (25:23~34) (24)

문제❺ 하나님은 가난한 자를 어떻게 대하라고 하십니까? (25:35~38) (37)

오늘의 **묵상**

희년에는 종으로 팔렸던 자가 자유를 얻고, 팔렸던 땅이 본래의 주인에게 되돌려졌습니다. 이러한 회복은 모든 것의 주인이 궁극적으로 하나님이심을 선포하는 일입니다. 안식년과 희년의 때에 이스라엘은 전적으로 하나님을 신뢰해야 했으며 하나님이 삶의 기본적 필요를 놀라운 방식으로 공급해 주시는 분임을 인정해야 했습니다. 희년은 안식년에 이어 맞게 됩니다.

오늘의 **적용**

하나님 명령을 우선함으로 바뀌어야 할(돌려놓아야) 것은 무엇입니까?

오늘의 **기도**

하나님이 주신 원리와 질서를 따라 살도록 노력하겠습니다.

레 · 위 · 기

26장

본문 소개

26~27장은 레위기 결론 부분입니다. 하나님의 백성은 이제 선택해야 합니다. 선택은 빛과 어둠, 선과 악, 번영과 파멸을 결정하게 됩니다. 하나님께 순종하면 보상이 있고 불순종하면 곤경과 재난이 닥칠 것입니다. 26장은 '복과 저주의 신학'을 제시했습니다. 레위기 규례와 명령에 순종하는 자가 받을 복과 순종하지 않는 자에게 임할 저주와 형벌을 언급하고 있습니다. 거룩한 제사와 거룩한 윤리를 보여주신 후 생명의 길과 죽음의 길 중 선택할 것을 도전하고 계십니다.

1. 네 가지 명령(26:1-2)

이스라엘이 지켜야 할 네 가지 명령이 있습니다. 십계명의 처음 네 계명의 요약이기도 합니다. 우상숭배를 거부하고 안식일을 지키고, 성소를 경외해야 합니다.

2. 여섯 가지 복(26:3-13)

하나님께서 이스라엘이 언약을 지키면 가장 필요한 복을 주시기로 약속하셨습니다.

1) 철 따라 내리는 비. 농사에 결정적인 이른 비와 늦은 비를 약속하셨습니다. 2) 땅에 주시는 평화. 전쟁이 멈추고 모든 위험을 제거해

주시겠다는 뜻입니다. 3) 사나운 짐승을 제거하시고 4) 전쟁에서 승리를 주시며 5) 번성하는 자손의 풍요로움과 6) 하나님 임재의 복을(11~13절) 약속하셨습니다.

3. 여섯 가지 저주(26:14-39)

하나님이 주시는 복이 순차적으로 강도가 높아진 것처럼 저주도 점점 커지고 있습니다. 1) 갑자기 찾아오는 재앙(14~17절). 2) 기근(18~20절). 3) 사나운 짐승의 공격(21~22절). 4) 전쟁(23~26절). 5) 극심한 기근(27~31절). 6) 포로가 되어 이방 나라로 끌려가는 것(31~39절)입니다. 불순종한 백성에 대해 하나님이 이스라엘과의 관계를 단절하시고 이방 땅에 흩어버리실 것을 경고하셨습니다.

4. 회복의 약속(26:40-46)

이방 땅에 흩어지는 저주가 마지막이 아닙니다. 이스라엘이 저주받아 흩어졌을지라도 추방 기간이 지나고 회개하고 하나님께로 돌아오면 아브라함과 맺은 언약을 기억하시고 다시 회복해 주실 것을 약속하셨습니다.

여섯 가지 복과 여섯 가지 저주를 말씀하신 후 "나는 여호와다." 친히 서명하셨습니다(45절). 하나님의 약속과 복은 순종할 때 주어지는 선물입니다. 순종이 없으면 복도 없습니다.

성경 공부

문제❶ 하지 말 것과, 하라고 하시는 명령은? (26:1~2)

문제❷ 하나님의 규례와 계명에 순종할 때 받는 여섯 가지 복은? (26:3~13)

문제❸ 규례와 법도를 준행하지 않을 때 임할 여섯 가지 저주는? (26:14~39)

문제❹ 징계에도 회개하지 않는 것에 대한 경고는? (26:18, 21, 24, 28)

문제❺ 하나님 말씀에 청종(27절)하지 않으면 임하는 저주는? (26:30~33)

오늘의 묵상

"너희는 내 안식일을 지키며 내 성소를 경외하라 나는 여호와이니라"(2절) 하나님의 규례와 법도에 순종하는 것이 약속을 얻는 길입니다. 하나님을 경외하고 그분과 친밀한 교제를 이어가는 것이 우리의 생명을 약속받는 길입니다.

오늘의 적용

하나님과의 관계에서 나의 취약점은? 보완하는 방법은?

오늘의 기도

오늘도 하나님과 친밀하게 교제하도록 힘쓰겠습니다.

레 · 위 · 기

27장

본문 소개

27장은 레위기 시작점과 다시 연결됩니다. 5대 제사를 서원에 대한 규례와 십일조에 대한 명령과 연결했습니다. 하나님이 주신 은혜를 보답하고 감사하는 마음이 하나님을 예배하는 사람입니다.

1. 서원의 규례(27:1-25)

거룩한 삶의 한 방법은 예배자가 하나님을 섬기는 일에 자신의 소유를 드리는 일입니다.

❶ 사람(27:1-8). 사람을 하나님께 드리기로 서원했다면, 서원 된 사람을 대신하여 적절한 금액을 성소에 바쳐야 합니다. 나실인 서원도 같은 규정이 적용되었습니다. 나이 20~60세 남자: 50세겔, 여자: 30 세겔을 성전에 바쳤습니다(3~7절).

❷ 짐승(27:9-13). 가축을 서원하면 그 짐승은 성전에 제물로 드렸습니다. 한번 서원한 짐승은 바꾸지 못합니다. 부정한 짐승을 서원했다면 제사장이 정한 가격을 바쳤습니다(12절).

❸ 집(27:14-15). 서원하여 바친 집은 부동산 시장 가격으로 집값을 정합니다. 취소하려면 20% 비용을 추가로 냈습니다.

❹ 밭(27:16-25). 밭을 서원할 경우, 두 종류의 규례가 있는데 첫째는 조상으로부터 물려받은 땅을 서원할 때 적용되는 규례(16~21절)

두 번째는 남에게 산 땅을 서원할 때 적용되는 규례입니다(22~25절). 첫 번째가 두 번째보다 복잡합니다.

2. 자원 예물 규례(27:26-34)

하나님이 소유권을 갖고 계신 세 영역에 대한 예물을 설명했습니다.

❶ 첫 짐승(27:26-27). 짐승의 첫 새끼는 하나님의 소유입니다(출 13:2). 제사장이 정한 값으로 성전에 바쳤습니다.

❷ 온전히 바친 물건(27:28-29). 사람, 짐승, 땅 등 서원한 것을 무를 수 있지만 온전히 바친 것은 무를 수 없습니다. 첫째, 성막을 특별히 준비해 놓은 것은 무르지 못합니다. 둘째, 진멸이 선포되면 죽여야 합니다. 하나님의 것으로 바쳐졌기 때문입니다.

❸ 십일조(27:30-34). 이스라엘은 곡식, 과일, 열매, 가축 등 모든 소산의 10분의 1을 하나님께 드려야 합니다. 십일조는 모든 것이 하나님이 주신 복임을 고백하는 행위입니다.

성경 공부

문제❶ 서원한 남자의 몸값은? (27:3)

문제❷ 밭을 서원했을 때 적용되는 규례는? (27:19)

문제❸ 하나님께 드린 밭이 영원히 제사장에게 귀속되는 경우는? (27:20, 21)

문제❹ 이미 하나님의 것이기에 성별하여 드릴 수 없는 것은? (27:26)

문제❺ 땅의 모든 소산물과 가축의 십일조는 누구의 것입니까? (27:30)

오늘의 묵상

마귀는 우리 마음에 여러 가지 유혹의 생각과 각종 미련을 갖게 합니다. 그래서 서원한 것을, 약속을 지키지 못하게 방해합니다.

이런 마귀의 유혹에서 벗어나 하나님과 사람 앞에 한 서원(약속)을 지키는 것이 신실한 하나님의 자녀입니다.

오늘의 적용

하나님과 사람에게 서원(약속)하고 이행하지 못한 것은? 다시 실천 계획을 세우십시오.

오늘의 기도

모든 것이 하나님 것이며 하나님이 주신 것임을 고백합니다. 감사합니다.

Numbers

민수기

민수기 소개

민수기(民數記; Numbers) 이름 뜻은 두 차례 인구 조사에서 붙여진 이름입니다. 시내 산 광야(1~4장)와 모압 평원(26장)에서 두 번 인구 조사를 했습니다. 히브리어 성경 이름은 "광야에서, 광야 여정" 뜻입니다. 백성의 숫자를 센다는 "숫자"보다 '광야 여정'이라는 이름이 더 잘 어울립니다. 민수기에는 출애굽 1세대 광야 여정 이야기와(1-25장) 출애굽 2세대가 지나간 광야 여정(26~36장) 발자취를 다루고 있기 때문입니다.

민수기가 주는 <세대교체> 시사성은 성화의 과정을 보여주고 있습니다. 광야에서 세대교체가 이루어진 것처럼 그리스도인들도 고난의 광야에서 옛사람을 벗어버리고 새사람을 입어야 합니다. 광야 여정을 통해 어둠의 자녀였다가 빛의 자녀로 변화되고 있습니다. 모든 그리스도인은 민수기의 저자들입니다. 매일 자신만의 민수기, 광야 여정을 걷고 있는 사람들입니다.

이스라엘 백성이 출애굽 후 시내 산에서 1년 동안 머물면서 하나님께 받은 율법은 출애굽기 후반부와 레위기에 자세히 기록되었습니다. 민수기는 시내 산을 떠나 가나안 입성 전까지 40년 광야 생활 중 39년 동안 있었던 일들을 기록했습니다.

민 · 수 · 기

1장

본문 소개

출애굽 1년, 모세와 이스라엘 백성은 시내 산에서 율법을 받고 하나님과 거룩한 언약을 맺었으며 하나님이 거하실 성막을 세웠습니다. 백성들은 시내 산에서 하나님과 특별한 관계를 누리며 언약 백성이 되기 위한 모든 준비를 마쳤습니다.

민수기 1장~10장은 하나님의 명령에 따라 시내 산을 떠나 가나안 땅을 향해 출발하기 위한 준비 과정을 설명했습니다. 200만 명이 넘는 백성의 대이동은 많은 준비가 필요했지만 20일 만에 모든 준비가 끝났습니다(1:1과 10:11 참조).

1. 인구 조사 지시(1:1-16)

이스라엘 민족은 가나안 대 이동을 위해 인구 조사를 실시 했습니다. 출애굽 다음 해 2월 1일, 하나님의 지시를 따라 모세는 남자 중 20세가 넘어 전쟁할 수 있는 모든 사람의 숫자를 세었습니다. 인구 조사의 효율성을 위해 지파별로 자체 조사를 한 후 보고하게 했습니다.

인구 조사를 주도할 지파별 지도자로 선택된 사람을, 아들 이름을 함께 쓰게 하여 24명 이름을 발표했습니다(1:5-16).

2. 인구 조사 결과(1:17-46)

매달 첫날, 초하루 예배를 드리는 날에 각 지파의 인구 조사를 발표했습니다. 각 지파는 1장에서 두 절씩 소개가 되었습니다(지파 이름. 조사 대상. 지파의 장정 숫자). 20세 이상의 남자는 레위 지파를 제외하고 60만 3,550명이었습니다(46절). 하나님께서 아브라함에게 하신 약속대로 이스라엘 백성은 400여 년 만에 큰 민족으로 성장했습니다. 인구 조사가 그 증거를 보여주고 있습니다(창 15장). 인구가 가장 많은 지파는 유다 지파로 7만 4,600명이었습니다. 26장 두 번째 인구 조사에서 유다 지파는 약 2,000명이 증가하여 7만 6,500명이 되었습니다. 르우벤 지파는 3천 명이 감소하고, 시므온은 절반이 줄었습니다. 하나님께 복을 받은 지파와 저주를 받은 지파가 인구 통계로 증명이 되었습니다.

3. 레위 지파는 제외(1:47-54)

레위 지파는 전쟁에 참여하지 않기 때문에 인구 조사에서 제외되었습니다. 레위인들은 전쟁보다 증거의 성막에 대한 거룩한 책임을 졌습니다. 제사장들을 도우며 성막과 성막의 기구들을 보호하고 이스라엘 백성을 성막으로부터 보호하는 거룩한 책임을 맡았습니다(50, 53절).

성경 공부

문제❶ 하나님은 인구 조사에 대한 어떤 기준을 명하십니까? (1:3)

문제❷ 인구 조사를 실시 한 때는? (1:1, 18)

문제❸ 이십 세 이상, 싸움에 나갈 만한 남자의 총인원은? (1:46)

문제❹ 레위 지파를 계수에 넣지 않은 이유는? (1:47~49)

문제❺ 병역 의무 대신에 레위인이 책임져야 할 사역은? (1:50~54)

오늘의 묵상

인구 조사를 통해 하나님께서 아브라함에게 약속하신 후손에 대한 언약이 이루어졌음을 알게 됩니다. 레위인들은 전쟁이 아닌 성막을 지키고 보호하는 책임을 맡았습니다. 증거의 성막 사방에 진을 쳐서 이스라엘 자손의 회중에게 진노가 임하지 않게 하는 일이었습니다.

오늘의 적용

내게 하나님의 약속이 응답 된 것들을 써 봅시다.

오늘의 기도

약속하신 것을 응답하신 하나님을 찬양합니다.

민 · 수 · 기

2장

본문 소개

인구 조사가 끝난 후 하나님은 열두 지파를 각각 세 지파씩 네 그룹으로 나누셨습니다. 가나안 땅까지 갈 동안 질서와 균형을 이루어 성막 중심으로 행진하도록 지시하셨습니다.

열두 지파가 어느 위치에서 이동해야 할 것과 머물 때는 성막을 중심으로 어느 위치에서 텐트를 쳐야 할지 지정해 주셨습니다. 성막을 중앙으로 이스라엘 열두 지파가 각각 자기 위치를 지켜야만 가나안 땅까지 평안한 행진을 할 수 있습니다.

1. 유다 그룹(2:1-9)

가나안 땅까지 행진의 중심에 성막이 있습니다(2절). 각 지파는 서로를 구분하기 위해 깃발과 기호를 세웠습니다. 유다 지파를 중심으로 잇사갈 지파와 스블론 지파가 성막 동쪽에 진을 쳤습니다. 동쪽은 존귀와 특권의 방향으로, 행군할 때 가장 앞에서 백성들을 이끌었습니다.

2. 르우벤 그룹(2:10-16)

성막 남쪽에 자리했습니다. 르우벤 그룹에 속한 지파는 시므온과 갓입니다. 남쪽은 동쪽 다음으로 중요하고 영광스러운 방향이었습니다.

3. 레위 지파와 장막(2:17)

하나님의 성막은 이스라엘 진과 행진 중앙에 자리 잡고 있습니다. 하나님이 이스라엘 백성 가운데 임재하고 계셨습니다. 레위 지파는 성막을 보호하고 이스라엘을 하나님의 진노에서 보호하는 역할을 맡았습니다.

4. 에브라임 그룹(2:18-24)

에브라임 지파, 므낫세와 베냐민 지파로 구성된 에브라임 그룹은 성막 서쪽에 있었습니다. 이 그룹은 끈끈한 혈육의 정(에브라임과 므낫세는 형제)으로 맺어진 그룹이며 네 그룹 중 가장 작은 그룹입니다.

5. 단 그룹(2:25-31)

성막 북쪽에는 단 지파(라헬의 몸종 빌하의 아들)를 중심으로 아셀(레아의 몸종 실바의 둘째 아들)과 납달리 지파(빌하의 둘째 아들)가 한 그룹이 되었습니다. 세 지파는 야곱의 아들 중 몸종에게서 태어난 아들들로 구성된 지파였습니다.

6. 요약(2:32-34)

하나님이 정해주신 자리에 진을 치고, 하나님이 정해주신 순서와 위치에 따라 행진하게 하셨습니다. 열두 지파 중 누구도 불평하지 않았습니다. 하나님께서는 각 지파의 성향과 영성에 따라 전략적으로 배치하셨습니다.

성경 공부

문제❶ 회막 동쪽에 진을 친 지파와 그 총계는? (2:3~9)

문제❷ 회막 남쪽에 진을 친 지파와 그 총계는? (2:10~16)

문제❸ 회막 서쪽에 진을 친 지파와 그 총계는? (2:18~24)

문제❹ 회막 북쪽에 진을 친 지파와 그 총계는? (2:25~31)

문제❺ 이스라엘 진영은 회막을 중심으로 구성되었습니다(17절). 어떤 의미인지 써 보십시오.

오늘의 묵상

회막은 이스라엘 진영 중심에 자리했습니다. 이동 또는 머물 때도 반드시 성막이 중심이 되었습니다. 하나님이 함께하신다는 의미였던 성막을 중심으로 모든 지파가 하나님이 정해주신 각자의 자리를 지켜 나갈 때만이 약속의 땅까지 가게 될 것입니다.

오늘의 적용

내 삶의 중심에는 무엇이 자리하고 있습니까?

오늘의 기도

주님이 주신 자리에서 주님과 함께 걸어가겠습니다.

민 · 수 · 기

3장

본문 소개

이스라엘 백성은 하나님과 함께 광야에서 행진했습니다. 성막과 함께 행진한다는 것은 하나님과 동행하는 것을 뜻합니다. 하나님과 함께 행진하기 위해서는 성막을 운반하고 관리할 레위 지파가 중요합니다. 레위 지파는 한 가정의 아버지, 교회에서는 목회자, 제직, 목자, 교사를 상징하기도 합니다. 레위 지파가 없다면 성막과 동행할 수 없습니다.

1. 레위인과 제사장(3:1-13)

제사장 집안으로 선택받은 아론과 자손들은 하나님을 섬기는 특권과 함께 높은 수준의 성결과 경건을 요구받았습니다. 아론의 네 아들 중 나답과 아비후는 이미 다른 불을 드리다가 죽임을 당했습니다(3:1-4).

하나님은 제사장과 레위 사람들이 해야 할 일을 정해주셨습니다(3:5-10). 레위 사람들은 제사장을 돕고(7절), 성막과 도구를 관리하고(8절), 예배드리는 사람들을 돕도록 하셨습니다(8절).

레위 사람은 이스라엘 자손들의 장자를 대신하여 하나님을 섬기도록 선택받은 사람들입니다(3:11-13. 출 13:14-16).

2. 레위 지파 인구 조사, 행진 위치, 책임(3:14-39)

레위 지파 집안별로 사역을 분담해 주셨습니다.

❶ 게르손 집안(3:21-26). 출생 후 일 개월 이상인 자손들 숫자가 7,500명. 성막 서쪽에 자리했고 성막에서 맡은 일은 성막과 성막에 치는 커튼을 관리했습니다.

❷ 고핫 집안(3:27-32). 남자들의 숫자는 8,600명. 성막 남쪽에 진을 치고 성전에서 사용되는 도구들을 관리했습니다.

❸ 므라리 집안(3:33-37). 한 달 이상 된 남자 6,200명. 북쪽에 있었으며 기둥을 포함한 성막 뼈대를 관리했습니다.

❹ 아론 집안(3:38). 모세와 아론, 아론의 아들들은 성막 동쪽에서 행진했습니다. 극소수의 사람들이 선두에 섰습니다.

3. 이스라엘 장자와 대속(3:40-51)

레위 자손은 이스라엘 장자를 대신하여 하나님께 바쳐진 사람들입니다. 이스라엘 자손의 숫자와 레위인 숫자를 비교해서 속전을 계산해야 합니다. 레위인이 2만 2,000명, 이스라엘 장자 수가 레위인보다 273명이 더 많습니다. 273명에게 한 사람당 5세겔 속전을 내라고 명령하셨습니다. 속전은 돈으로 되찾는다는 뜻입니다.

성경 공부

문제❶ 제사장직을 맡은 '아론의 아들들'의 이름은? (3:2~3)

문제❷ 엘르아살과 이다말이 제사장직을 계승하게 된 이유는? (3:4)

문제❸ 제사장과 달리 레위인의 지위와 그 직무는? (3:6~10)

문제❹ 레위인 인구 조사는 몇 살부터 계수했습니까? (3:15, 39)

문제❺ 1개월 이상 된 모든 맏아들을 계수(40절) 하신 이유는? (3:13)

오늘의 묵상

하나님과 동행하기 위해 성막을 운반하고 관리할 레위 지파가 중요했습니다. 레위 지파가 없다면 성막과 동행할 수 없습니다. 레위 자손은 이스라엘 장자를 대신하여 하나님께 바쳐진 사람들입니다.

오늘의 적용

하나님께서 내게 맡기신 것은 무엇입니까? 그 일을 잘 수행하고 있습니까?

오늘의 기도

맡겨주신 직임을 충성스럽게, 탁월하게 감당하겠습니다.

민 · 수 · 기

4장

본문 소개

레위인의 임무를 설명했습니다. 광야 행진 중에 레위 자손들은 성막을 완벽하게 조립하고 다시 해체했습니다.

3장에서는 게르손- 고핫- 므라리 자손 순으로 설명했는데 4장은 고핫 자손으로부터 시작합니다. 고핫 자손이 맡은 임무가 자칫 생명을 잃을 수 있는 위험부담이 큰 사역이었기 때문입니다.

1. 고핫 자손의 임무(4:1-20)

성막에서 봉사할 수 있는 레위 자손은 30세에서(20~25세 수습생 시작. 민 8:24-25) 50세로 한정되었습니다. 고핫 자손은 가장 거룩한 물건들을 관리하고 운송하는 책임을 맡았습니다(4절).

가장 거룩한 것(법궤)에서 평범한 것(성막 도구)으로 단계적 순서로 포장했습니다. 가장 거룩한 것일수록 포장이 화려하고 여러 겹으로 포장했습니다. 제사장들이 거룩한 물건을 포장해 놓으면 고핫 자손이 와서 운반했습니다(15절). 혹시 거룩한 물건에 몸이 닿거나 거룩한 물건을 쳐다만 봐도 죽었습니다(19~20절).

❶ 성막과 기구 운반은 신중한 계획과 순서로 진행되었습니다. 거룩한 일을 위해서 충분한 훈련과 준비가 필요했습니다.

❷ 하나님의 임재를 상징하는 예배 도구를 운반할 때 사용할 포장지는 최고의 옷감으로 정교하고 화려했습니다.

2. 게르손 자손의 임무(4:21-28)

성막에서 사용되는 여러 가지 천과 커튼을 운반하는 임무를 맡았습니다(25~26절). 성소와 지성소를 구분했던 내부 커튼은 제외했습니다.

3. 므라리 자손의 임무(4:29-33)

게르손 자손들이 커튼과 천을 제거하여 포장하면 마지막으로 므라리 자손들이 성막의 기둥과 말뚝, 줄 등을 철거하고 운반했습니다(31~32절).

므라리 사람들은 가장 무거운 것을 운반했습니다. 결코 하찮은 사역이 아니었습니다. 기둥이 없으면 성막이 세워질 수 없기 때문입니다. 하나님을 섬기는 일은 모든 일이 다 중요합니다. 하나님은 적은 일에 충성된 자에게 큰일을 맡기시는 분이십니다.

4. 레위인 숫자(4:34-49)

30~50세 레위 남자는 총 8,580명입니다. 성막을 관리하고 이동하는 일은 매우 큰 사역입니다. 하나님은 레위 지파를 구별하셔서 최고의 봉사를 하게 하셨습니다. 집안별로 정확한 업무를 주셨습니다.

성경 공부

문제❶ 고핫 자손에게 맡겨진 직무는? (4:4)

문제❷ 게르손 자손이 할 일과 멜 것은? (4:24~28) (3:25~26)

문제❸ 므라리 자손이 할 일은? (4:31~33)

문제❹ 레위인의 인구 조사에는 어떤 기준이 있었습니까? (4:39)

문제❺ 아론의 아들들인 제사장의 일과, 레위 자손의 역할 차이점을 찾아본다면? (4장 전체)

오늘의 묵상

하나님의 성소에서 일하는 사람들은 서로의 역할은 달랐지만 협력해야 했습니다. 하나님이 맡기신 사역을 레위 지파와 각 자손이 팀을 이루어 사역을 감당하고 있습니다. 사람의 시각으로 보면 더 중요하고 덜 중요하게 보일 수 있는 일이 있지만, 각자의 역할이 다를 뿐 성막 완성을 위해 어느 것 하나 중요하지 않은 것은 없었습니다.

오늘의 적용

교회에서 내가 맡은 역할은? 함께 교회를 세워가고 있습니까?

오늘의 기도

교회에 주신 은사가 하나 되어 주님의 몸 된 공동체로 세워지게 하옵소서.

민 · 수 · 기

5장

본문 소개

광야에서 하나님과 함께 행진하기 위해 이스라엘은 공동체의 정결을 유지해야 합니다. 공동체가 정결하지 못하면 거룩하신 하나님과 동행할 수 없습니다.

5~6장에서 공동체 성결을 유지하는 규례를 가르쳐주셨습니다.

제사장은 공동체 정결을 유지하는 의무가 있습니다. 성결을 위해 순수함과 불순함을 구별해야 합니다. 순수성을 지키는 규례는 피부 병자를 격리하는 일로부터(5:1-4) 제사장의 축복 기도(6:22-26)에 이르기까지 모든 과정을 제사장이 담당합니다.

1. 부정한 사람(5:1-4)

남자든 여자든 문둥병 환자(레 13~14장), 유출병(레 15장), 주검을 만져 부정하게 된 사람(민 19장)을 진 밖으로 내보내야 합니다(2절). 하나님이 이스라엘 백성들과 함께 거주하고 계시기 때문입니다(3절).

피부병 환자 격리는 다른 사람들에게 전염되는 것을 막으시는 하나님의 자비와 은혜를 보여주고 있습니다.

2. 잘못에 대한 보상(5:5-10)

피부병 환자가 육체적 부정이라면 이제 영적인(내면적) 부정에 대해 가르치셨습니다.

먼저 거짓으로 증언했던 사람이 자기 잘못을 깨닫고 회개했을 때 어떻게 해야 하는지 알려주셨습니다.

이웃에게 피해를 줬거나 그 일을 숨기기 위해 하나님을 배신한 사람(법정에서 위증한 사람)은 먼저 죄를 고백하고 피해 액수의 1/5을 더하여 갚아야 합니다(7절). 이웃에게 범죄 하는 것은 곧 하나님께 범죄 하는 것과 같습니다. 하나님과 함께 동거하려면 이웃과 진실하고 정직한 관계를 유지해야 합니다.

3. 간음한 아내(5:11-31)

공동체의 기본 단위가 가정이며 결혼은 가정의 시작입니다. 결혼을 위협하는 간음에 대해 가르치셨습니다. 간음은 가정을 파괴하는 심각한 죄였습니다.

아내의 간음을 의심하는 재판은 성막에서 열렸습니다. 제사장이 성막에서 재판하여 남편이 이 제도를 악용하거나 잘못된 판결하는 실수를 방지하도록 하셨습니다. 물증이 없지만 심증만으로 열리는 이 재판은 아내에게 불리한 규례가 아닙니다. 의심하는 남편에게서 아내를 보호하는 하나님의 긍휼입니다. 아내에게 저주의 물을 마시게 하여 하나님이 직접 판결해 주셨습니다.

성경 공부

문제❶ 진영 정결을 위해 진 밖으로 내보내야 하는 부정한 자들은? (5:2)

문제❷ 사람을 속여 하나님 계명을 어기면 어떤 죗값을 치릅니까? (5:6~7)

문제❸ 죗값을 받을 당사자가 죽고 친척도 없다면 어떻게 해야 합니까? (5:8)

문제❹ 간음이 의심되는 아내에 대해 남편은 어떻게 해야 합니까? (5:15)

오늘의 묵상

이스라엘은 부정하게 된 자를 진에서 내보냄으로 하나님이 계시는 진영을 정결하게 유지해야 했습니다. 또한 다른 사람에게 전염되는 것을 막는 조치이기도 했습니다. 잘못한 것에 대한 보상규범은 이웃과의 바른 관계를 위한 것입니다.
성막에서의 판결은 약한 여성을 보호하시는 하나님의 배려이기도 합니다.

오늘의 적용

내가 공동체에 나쁜 영향을 주지 않도록 나를 살펴야 할 것은?

오늘의 기도

제가 공동체에 선한 영향을 끼치는 성도가 되겠습니다.

민 · 수 · 기

6장

본문 소개

하나님과 함께 광야를 동행하려면 이스라엘 진영은 성결해야 합니다. 6장에서는 나실인 규례와 제사장의 축복 기도를 주셨습니다. 나실인은 제사장보다 더 거룩한 사람들입니다. 나실인 제도를 통해 일반인들은 서원 동안 제사장보다 더 가까이 하나님을 섬길 수 있었습니다. 나실인의 뜻은 '하나님께 서원 된 자/구별된 자'라는 뜻입니다.

1. 나실인의 법(6:1-12)

나실인은 남자와 여자 모두 서원할 수 있습니다(2절). 나실인은 하나님과 특별한 관계를 맺은 사람이므로 엄격히 지켜야 할 금지 사항들이 있습니다.

❶ 포도주와 술 금지(3~4절). 모든 종류의 술과 포도로 만든 것은 다 금했습니다. 포도는 편안한 삶을 상징했습니다.

❷ 머리털을 자르지 말라(5절). 나실인은 하나님께 서원하였던 동안 머리털을 자를 수 없습니다. 머리는 '하나님께 온전히 바쳐진 자'라는 상징입니다. 서원 기간이 끝나면 머리를 밀어 바쳤습니다. 내 몸과 인생의 소유권이 주님께 있음을 고백했습니다.

❸ 시체를 만지지 말라(6절). 부모와 형제가 죽더라도 그들의 시체를 만질 수 없습니다(7절). 성경에서 죽음은 부정을 의미했습니다. 시

체를 보거나 만짐으로 부정하게 된 나실인은 정결 기간 예식을 통해 속죄하고 나실인의 삶을 시작했습니다.

2. 나실인의 마감(6:13-21)

나실인은 서원 시작과 끝에 지정된 예식을 드려야 합니다. 나실인의 서원을 마치면서 지켜야 할 복잡한 예식 규정이 제시되었습니다. 하나님과 특별한 교제를 누렸으므로 특별한 예배로 감사를 표시해야 합니다.

번제와 속죄제를 드린 후 그동안 자랐던 머리를 깎아 제단에 태움으로 서원 기간이 끝났음을 알렸습니다(18절).

3. 제사장의 축복 기도(6:22-27)

제사장의 축복 기도는 '구약의 주기도문'으로 불렸습니다. 하나님의 이름을 중심으로 세 문장으로 구성되었습니다. 문장마다 두 쌍의 동사로 하나님의 복을 설명했습니다.

❶ 복을 주시고 지키신다(24절).

❷ 하나님 얼굴을 비추어 주시고 은혜를 베푸신다(25절).

❸ 높이다. 들다- 평화를 주다(26절). 축복을 비는 내용에서 하나님 이름이 세 번 사용됩니다. 하나님의 이름으로 축복하면 하나님께서 이를 시행하실 것이라고 약속하십니다.

성경 공부

문제❶ 서원하고 자기 몸을 여호와께 구별하여 드린 사람은? (6:2)

문제❷ 나실인 서약 기간 중 먹지 말아야 할 것은? (6:3~4)

문제❸ 나실인의 서원 기간이 끝나면 어디로 데리고 갑니까? (6:13)

문제❹ 그리고 여호와께 무엇을 드렸습니까? (6:14~15)

문제❺ 제사장의 축복 기도를 요약해 보십시오. (6:24~26)

오늘의 묵상

그리스도인은 현대의 나실인 입니다. 하나님과 언약의 관계이며 하나님께서 기뻐하시는 삶의 윤리를 따라 사는 존재이기 때문입니다.
제사장은 하나님의 이름으로 하나님의 백성을 축복했습니다. 그리고 하나님은 이 축복을 반드시 이행하실 것을 약속하셨습니다.

오늘의 적용

현대 나실인으로서 하나님 앞에서 정결해져야 할 삶의 요소는?

오늘의 기도

하나님께 서원한 나실인으로 합당하게 살겠습니다.

민 · 수 · 기

7장

본문 소개

광야 여정 중심에 성막이 있습니다. 성막을 통해 하나님께서 자기 백성 가운데 거하셨습니다. 이스라엘 열두 지파가 성막을 중심으로 각각 행진과 캠프 위치를 정했습니다. 레위 지파는 각 성막 운반책임을 받았습니다(1~4장). 제사장들은 백성 공동체의 성결을 유지할 규례를 지시받았습니다(5~6장). 이제 7~8장에서 성막 봉헌식과 레위인 취임식을, 9~10장은 유월절 축제와 성막에 임한 하나님의 가시적 현현을 회고했습니다.

7장에서 이스라엘 지도자들이 하나님께 거룩한 예물을 드림으로 성막을 봉헌했습니다. "나아간다"라는 동사가 35차례 반복됩니다. 거룩한 성막이 완공된 후 번제 단에 기름을 바르고 봉헌하는 날에, 12일에 걸쳐 예물과 제물을 하나님께 바쳤습니다.

1. 역사적 정황(7:1-9)

성막이 완성되었을 때 모세는 성막의 모든 제단과 기물과 기구에 기름을 발라 거룩하게 하였습니다(출 40:9-11). 기름 부음으로 하나님께 속한 특별한 물건, 거룩한 물건으로 구분되었습니다.

하나님이 세우신 12지파 지도자들이 지파를 대표해서 하나님께 예물로 황소 12마리와 수레 6개를 가져왔습니다(2~3절). 이 예물을 레위 사람들에게 주어 성막 일에 사용하도록 했습니다. 성막 이동 업무에 따라 예물을 차등해서 나눠주었습니다.

고핫 자손은 어깨에 메고 운반하는 성막 기구였기에 수레와 황소를 배분하지 않았습니다. 가장 무거운 기둥과 말뚝을 운반하는 므라리 자손들에게 황소 8마리, 수레 4개를 주었습니다.

2. 지도자들의 헌물(7:10-83)

각 지파의 지도자들은 하루에 한 지파씩 모두 12일 동안, 매일 헌물과 번제물, 속죄 제물, 화목제물을 같게 드렸습니다. 거룩한 성막과 제단의 기물들을 봉헌하면서 그들은 자원해서 기쁜 마음으로 드렸습니다. 하나님께 대한 감사함으로 드렸습니다.

3. 예물의 총합계(7:84-89)

지도자들이 먼저 하나님께 헌신의 모범을 보여야 합니다. 헌신은 전염성이 강합니다. 예물은 자신의 일부를 드리는 것을 의미합니다. 예물을 통해 드린 자와 하나님 사이에 거룩한 교제가 형성되었습니다. 예물을 드리는 일을 통해 우리는 하나님과 계속 교제할 수 있습니다.

성경 공부

문제❶ 고핫 자손에게 수레와 소를 분배하지 않은 이유는? (7:9)

문제❷ 각 지파 지휘관이 바친 화목제물은? (7:17, 23, 29)

문제❸ 하나님께서 인간의 죄를 가리고 은혜를 베푸시는 처소는? (7:89)

문제❹ 이스라엘 지파는 총 며칠에 걸쳐 봉헌식을 거행했습니까? (7:78)

오늘의 묵상

성막의 모든 기구에 기름을 바르는 것은 거룩하게 구별한다는 의미였습니다. 이는 거룩하신 하나님께 속한 것이기 때문입니다. 지파의 지휘관들이 하나님께 예물로 드린 수레와 소들은 성막 이동 시 직임에 필요한 지파에게 나눠주어 사용하도록 했습니다.

오늘의 적용

우리가 드리는 헌신이 하나님 사역을 위해 소중하게 쓰입니다. 요즘 나의 하나님께 드림의 생활은 어떠합니까?

오늘의 기도

하나님 사역을 위해 감사하며 드리겠습니다.

민 · 수 · 기

8장

본문 소개

성막과 기구를 거룩히 구별하여 하나님께 바친 후 이스라엘 열두 지파 지도자들이 하나님께 예물과 제물을 드렸습니다. 성막을 봉헌한 후에 모세는 레위인 취임식을 집례했습니다.
레위인들은 중요한 사람들입니다. 레위인 취임식 전에 하나님께서는 아론에게 성전의 등불 켜는 법을 먼저 지시하셨습니다. 촛대의 빛이 온 성막을 밝혔습니다. 레위인들은 하나님의 빛 역할을 감당하는 사람들입니다. 백성들은 레위인들을 구별된 사람으로 인정했습니다(14, 16, 19절).

1. 촛대(8:1-4)

촛대는 순금 1달란트(약 40kg)로 만들었습니다(출 25:39). 촛대와 제단은 매일 두 차례씩 제사장의 관리를 받았습니다. 촛대는 성막 남쪽에 세워졌습니다.
본문은 촛대의 빛이 어느 쪽에 비추어야 하는지 구체적으로 지시했습니다(2절). 촛대의 빛이 건너편에 있는 진설병에 머물게 해야 합니다. 촛대는 진설병과 함께 한 쌍이 되어 백성들에게 생명과 빛을 주시는 하나님의 은혜를 상징했습니다.

2. 레위인 취임식(8:5-26)

레위 사람들은 하나님을 섬기기 위해 이스라엘 백성들 가운데 구별된 사람들입니다.

❶ 레위인 봉헌식(8:5-14). 성막에서 제사장을 돕기 위해 매우 정교하고 까다로운 예식을 치러야 했습니다. 모두 8단계의 예식 과정을 거쳐야 했습니다(7, 8, 9, 11, 12, 13절).

제사장과 레위인 봉헌식의 다른 점은 레위인들은 기름 부음을 받지 않았습니다. 성막 안에 들어갈 수도 없으며 제사를 주관할 수 없습니다. 성막 기구 관리와 운반만 할 수 있습니다.

❷ 이스라엘 장자(8:15-19). 레위인들은 이스라엘 장자를 대신하여 하나님께 바쳐진 사람들입니다(17~18절). 레위인들이 이스라엘 장자를 대신하게 된 것은 출애굽 금송아지 숭배 사건 때였습니다(출 32:26-29). 하나님 편에 서서 우상 숭배자를 제거한 열심을 보시고 레위인들을 특별히 선택하셨습니다.

❸ 레위인들의 정년(8:20-26). 온 백성이 기쁜 마음으로 하나님 명령에 따라 레위 사람을 봉헌했습니다. 레위 사람들은 이제 하나님께 구별된 사람이 되었습니다. 레위인은 25세가 되면 성막에서 봉사하며 50세가 되면 퇴임했습니다.

성경 공부

문제❶ 레위인의 몸을 정결하게 하는 세 가지 의식은? (8:7)

문제❷ 성막 봉사에 하나님이 구별하여 세우신 지파는? (8:6, 14)

문제❸ 레위인이 어떤 사건으로 선택받았습니까? (8:17~18)

문제❹ 레위인의 회막 봉사는 몇 세부터 몇 세까지입니까? (8:24~25)

오늘의 묵상

레위인은 성막에서 봉사의 일을 감당하기 위해 까다로운 예식 절차를 거쳤습니다. 레위인이 성막 일에 선택된 것은 출애굽 금송아지 사건 때, 하나님 편에서 우상 숭배자를 제거한 열심 때문이었습니다. 레위인은 이스라엘 공동체에 빛 역할을 하는 존재들이었습니다.

오늘의 적용

나는 공동체 안에서 빛 역할을 하고 있습니까?

오늘의 기도

하나님의 거룩한 일에 써주셔서 감사합니다. 성실히 감당하겠습니다.

민 · 수 · 기

9장

본문 소개

시내 산에 머문 지 일 년이 되었습니다. 유월절을 다시 지켰습니다. 출애굽 제2년 1월에 유월절을 지킬 것을 하나님이 명령하셨습니다(9:1). 1:1에서 출애굽 제2년 2월 1일에 인구 조사를 했습니다. 1장에서 8장까지 사건은 9장 유월절보다 뒤에 일어난 일이지만 순서가 잘못된 것은 아닙니다. 하나님은 이스라엘 최고 절기를 통해 성막과 레위인의 기능과 능력을 점검하신 것처럼 순서를 바꿔 편집하셨습니다. 모든 백성이 성막과 제사장, 레위인과 기쁨으로 유월절을 지켰습니다.

1. 유월절을 지켜라(9:1-5)

이스라엘 종교 달력으로 1월 14일에 유월절을 지켰습니다. 이스라엘 각 가정은 1월 10일에 한 살 이전의 흠 없는 숫양이나 숫염소를 취하여 4일간 집안에 두어 부정해지지 않게 했습니다(출 12:3-5).

1월 14일, 유월절 양을 잡아 우슬초 묶음으로 피를 적셔 문설주에 바르고 고기는 불에 구워 무교병과 쓴 나물을, 허리에 띠를 띠고 발에 신을 신고 지팡이를 잡고 급히 먹었습니다.

2. 두 번째 유월절(9:6-14)

한 가지 문제가 생겼습니다. 시체를 만졌거나 부정하게 된 사람들과 여행 중인 사람들이 유월절을 참여하지 못하게 되었습니다(6~7절). 유월절은 가장 중요한 절기로 이스라엘 백성과 함께 사는 이방인들도 지켜야 합니다. 이 절기를 지키지 않는 사람은 이스라엘 백성 중에서 끊어질 수도 있습니다(13절). 끊어진다는 것은 하나님의 언약적 보호와 복에서 제외되는 것을 뜻합니다.

백성들의 질문을 받고 모세는 하나님께 물었습니다(8절). 하나님은 한 달 후인 2월 14일에 유월절을 다시 지키도록 배려해 주셨습니다(11절). 예식 절차는 1월 14일과 동일했습니다.

3. 광야 행진과 구름(9:15-23)

광야 여정에서 하나님이 어떻게 백성들을 인도하셨는지를 설명했습니다. 원칙은 간단합니다. 하나님의 영광을 상징하는 구름이 머물면 이스라엘도 머물고, 구름 기둥이 떠나면 이스라엘도 떠났습니다. 이스라엘 백성이 가나안 땅으로 가기 위해서는 구름만 바라보면 되었습니다. 오늘도 하나님은 우리를 동일하게 인도하고 계십니다.

성경 공부

문제❶ 출애굽 한 이스라엘 백성들이 첫 유월절을 지킨 장소는? (9:1)

문제❷ 유월절을 언제 지키도록 명령하셨습니까? (9:4-5)

문제❸ 여행 중이거나 부정하게 된 자는 언제 유월절을 지켰습니까? (9:10~11)

문제❹ 유월절을 범한 자의 결과는? (9:13)

문제❺ 광야 길에서 나타난 하나님의 인도하심의 증거는? (9:16)

오늘의 묵상

유월절은 반드시 지켜야 합니다. 그러나 여행 또는 부정하게 된 연유로 지키지 못한 사람들에게는 한 달 후에 다시 지킬 수 있도록 배려하십니다. 광야 기간 하나님의 영광을 상징하는 구름 기둥으로 백성들을 인도하셨습니다. 단지 백성들을 구름을 바라보고 따르기만 하면 되었습니다.

오늘의 적용

하나님의 인도하심을 어떻게 느끼고 있습니까?

오늘의 기도

말씀을 통해 이끄심만 바라보며 가겠습니다.

민 · 수 · 기

10장

본문 소개

하나님은 자기 백성을 광야에서 인도하시는 분이십니다. 구름 기둥이 이스라엘 백성 앞에서 인도했습니다. 레위인들은 매일 구름을 관찰하는 파수꾼을 두었을 것입니다(9:15-23).

그리고 하나님은 모세에게 은 나팔을 준비할 것을 명령하셨습니다. 구름 기둥, 두 개의 은 나팔(10:1-10), 법궤(10:33-36)를 통해 백성을 친히 인도하셨습니다. 약속의 땅 가나안으로 가기 위해 백성들은 하나님의 인도에 순종하기만 하면 되었습니다.

1. 은 나팔(10:1-10)

은 나팔은 짧고 작으며 양의 뿔로 만들었습니다. 오직 제사장들만 불 수 있으며, 은 나팔은 여러 가지 용도로 사용되는 신호 수단이었습니다. 나팔 소리는 '나는 너희의 하나님 여호와다'라는 하나님 음성으로 간주 되었습니다. 나팔은 길고 짧은소리로 '회막 모임을 위해, 행진하기 위해, 전쟁에 참여하기 위해, 경축하기 위해' 사용되었습니다.

2. 시내 산 출발. 행진 순서(10:11-28)

하나님이 정해주신 순서에 따라 가나안 땅 행진을 시작했습니다.

구름 기둥이 떠오르고 이스라엘은 바란 광야를 향해 2장과 3장에서 지시하신 대로 행진을 시작했습니다(12절). 바란 광야에 도착하기 전에 기브롯 핫다아와에서 하세롯을 지났습니다(11:35).

3. 호밥의 도움(10:29-32)

모세의 장인에 대해 여러 가지 표현을 사용했습니다. 호밥(29절), 르우엘(출 2:21), 이드로(출 18장), 같은 사람인가에 대해 몇 가지 해석이 있습니다(호밥과 이드로는 같은 사람이며 아버지가 르우엘이라는 해석과 르우엘과 이드로는 같은 사람이며 호밥은 모세의 처남으로 해석하기도 합니다.).

모세는 사람의 도움을 구한 것이 아닙니다(31절). 하나님도 사람의 도움을 하나님 인도의 한 방법으로 사용하고 계셨기에 모세는 호밥의 제안을 하나님의 지시로 받아들였습니다. 구름 기둥, 은 나팔, 호밥, 법궤가 이스라엘을 인도했습니다.

4. 법궤가 인도함(10:33-36)

하나님의 구름 기둥과 하나님의 법궤가 이스라엘 갈 길을 인도했습니다. 법궤가 이스라엘 중앙에서 가는 것이 원칙이지만 백성들의 두려움으로 인해 백성들 앞에서 가셨을 것입니다.

하나님과 함께 길을 동행하는 것은 오늘도 우리에게 주시는 하나님의 은총입니다.

성경 공부

문제❶ 전쟁 중 은 나팔을 크게 불면 하나님께서 어떻게 하십니까? (10:9)

문제❷ 이스라엘 자손이 행진할 때 어느 지파가 선두에 섰습니까? (10:14)

문제❸ 성막을 운반하는 직임은 어느 자손이 맡았습니까? (10:17)

문제❹ 성막의 성물을 운반하는 직임은 어느 자손이 맡았습니까? (10:21)

문제❺ 광야 길에서 모세가 동행하자고 청한 사람은 누구입니까? (10:29~31)

오늘의 묵상

하나님은 친히 백성들을 인도하셨습니다. 구름 기둥, 법궤, 제사장들이 부는 나팔 소리, 그리고 세우신 사람들을 통해 약속의 땅으로 인도 하십니다.

백성들 가운데 하나님이 함께 하시는 것은 은혜입니다. 백성들은 하나님의 인도하심에 순종하기만 하면 됩니다.

오늘의 적용

내가 하나님과 동행하는 것을 어떻게 나타낼 수 있습니까?

오늘의 기도

주님의 인도하심에 머뭇거리지 않고 따르겠습니다.

민 · 수 · 기

11장

본문 소개

이스라엘의 반역 이야기가 11장에서 14장까지 계속됩니다. 이스라엘은 출애굽 전부터 하나님께 불평한 민족이었고 출애굽 드라마가 펼쳐지는 상황에서 하나님을 원망했습니다.
시내 산에 머물며 성막과 언약 공동체가 실현되는 동안 잠잠하던 백성들은 광야 여정이 시작되자 다시 불평과 원망을 쏟아놓았습니다. 백성들은 낮은 반역(불평)으로 시작하여 점차 높은 반역으로 가다가 결국 불순종의 죄악에 빠졌습니다.

1. 첫 번째 반역: 불평(11:1-3)

시내 산을 출발한 지 불과 3일 만에 하나님께 불평하기 시작했습니다. 홍해를 건넌 지 3일 만에 불평했던 과거와 똑같았습니다(출 15:22-27). 하나님의 구름 기둥과 언약궤가 앞서 인도하고 계셨으나 이스라엘은 불평했습니다. 하나님께서 불평하는 사람들을 심판하셨습니다. 여호와의 불을 보내 이스라엘 진영 끝을 불태우시고 그곳 이름을 '디베라' '태우는 곳, 불사름'이란 뜻으로 불렀습니다.

2. 두 번째 반역: 음식(11:4-35)

백성들은 하나님의 징계를 목격하고도 다시 불평하기 시작합니다.

❶ 만나에 대한 불만(11:4-9). 불량한 사람들이 여론을 조작하고 있었습니다. 그들은 애굽의 음식을 그리워하며 만나에 대해 불만을 쏟았습니다. 만나는 하나님이 주신 음식이었습니다.

❷ 모세의 불만(11:10-15). 하나님은 분노하셨고 모세도 백성에게 크게 실망했습니다. 출애굽 권능을 체험한 지 2년이 넘었지만, 이스라엘은 은혜를 알지 못하는 백성이었습니다.

❸ 70명의 지도자(11:16-30). 모세의 탄식을 들으신 하나님은 백성의 장로 지도자 중에서 70명을 선택하여 모세의 도우미로 세우셨습니다. 모세의 짐을 나눠서 지도록 조직을 세우셨습니다.

하나님은 다음 날, 고기 먹을 준비를 하도록 지시했습니다(18절). 한 달 동안 고기를 배불리 먹게 하시겠다고 하셨습니다.

❹ 메추라기를 주심(11:31-35). 장로들에게 하나님의 영이 임한 후에 메추라기 떼가 날아왔습니다. 하룻길(약 24km) 지역에 2규빗(약 90cm) 높이로 쌓였습니다. 그러나 하나님의 재앙으로 욕심을 내던 사람들이 죽임을 당하고 그곳은 '기브롯 핫다아와' 탐욕의 무덤이 되었습니다.

성경 공부

문제❶ 여호와께서 이스라엘 진영 끝을 불로 사르신 이유는? (11:1)

문제❷ 백성들의 원망에 절망하는 모세에게 하나님이 하신 명령은? (11:16)

문제❸ 하나님께서 칠십 명을 세우신 이유는? (11:17)

문제❹ 하나님께서 바람으로 진영 곁에 몰아오신 것은? (11:31)

문제❺ 백성에게 진노하사 백성을 치신 곳의 이름과 그 뜻은? (11:34)

오늘의 묵상

불량한 사람들의 선동으로 백성들이 원망과 불평이 다시 시작됩니다. 하나님도 진노하셨고 모세도 실망합니다. 불평에 대해 심판하시지만 여전히 그들의 필요를 채워주십니다. 모세의 짐을 분담하도록 장로 중에서 지도자를 세워주셨습니다.

오늘의 적용

감사보다 불평이 앞서지는 않습니까? 점검해 봅시다.

오늘의 기도

믿음의 심지를 굳게 하고 여론에 흔들리지 않겠습니다.

민 · 수 · 기

12장

본문 소개

모세는 하나님과 특별한 관계에 있던 지도자입니다(6~8절). 누구보다도 모세를 도와야 할 형제요 지도자였던 아론과 미리암이 모세의 권위에 도전했다가 심판을 받았습니다. 지도자가 지도자에 대해 비방하는 세 번째 반역 사건이 일어났습니다. 아론과 미리암이 모세를 대적할 수 없다면 이스라엘 중 누구도 하나님이 모세에게 주신 권위에 도전할 수 없다는 것을 가르치셨습니다.

1. 아론과 미리암의 도전(12:1-3)

시내 산을 떠난 지 3일 만에 하나님을 원망했던 이스라엘 백성과 모세의 지도력을 비방하는 아론과 미리암의 행동은 충격적입니다.

이스라엘 중심 지도력 '모세와 아론, 미리암' 사이에 분열이 일어났습니다. 미리암도 여 선지자로 인정되었습니다(출 15:20). 아론과 미리암은 모세의 결혼을 비방했습니다. 모세가 새 결혼을 한 것이 아니라 미디안 여자 십보라와 결혼한 것을 문제 삼은 것으로 해석합니다. '구스'라는 뜻은 '아름다운'이란 뜻도 있고 십보라가 미디안에 속했던 구스 지역을 말할 수도 있습니다.

지금에 와서 모세의 결혼을 문제 삼는 것은 다른 문제를 일으키려는 구실일 뿐입니다. 언어의 악함이 반역의 시작입니다.

2. 하나님의 부르심(12:4-10)

하나님은 아론과 미리암을 책망하시고 모세의 특별한 위치를 확인하셨습니다. 하나님은 모세와 '얼굴과 얼굴을 맞대고' 직접 말씀하셨습니다.

하나님이 세우신 지도자 모세를 비방한 것은 하나님을 분노케 하는 행동이었습니다. 하나님이 떠나시자 미리암이 문둥병 저주를 받습니다. 그녀의 이름이 먼저 기록된 것으로 볼 때, 비방의 주동자가 미리암이었을 것입니다.

아론은 출애굽 금송아지 숭배에 이어 두 번째로 큰 죄를 지었습니다.

3. 모세의 중보기도(12:11-16)

아론은 즉시 회개합니다. 모세의 권위를 인정하며 '나의 주'로 불렀습니다. 미리암이 비방했던 모세가 미리암을 도울 수 있는 유일한 사람이었습니다. 모세가 기도하자 하나님이 미리암을 구하셨습니다. 하나님은 미리암이 부끄러운 일을 했으니 7일간 격리되어 근신하라고 하셨습니다. 백성들은 이 모습을 보며 무엇을 생각했을까요?

성경 공부

문제❶ 미리암과 아론이 모세를 비방한 이유는? (12:1)

문제❷ 모세에 대한 하나님의 평가는? (12:7~8)

문제❸ 미리암에게 진노하사 하나님께서 내리신 징벌은? (12:10)

문제❹ 나병에 걸린 누이를 보고 아론이 취한 행동은? (12:11)

문제❺ 12장 사건을 통해 주시는 교훈은?

오늘의 묵상

자기들도 모세와 같이 하나님의 종이라고 교만함으로 모세를 비방했던 미리암과 아론에게 하나님은 자신이 세운 영적 질서를 깨우쳐 주셨습니다. 하나님은 모세에게 주신 권위를 확증하시며 하나님이 주신 권위 앞에 순종할 것을 요구하십니다.

모세를 비방하는 일을 주도한 미리암이 나병에 걸리지만 모세의 중보로 하나님은 미리암을 용서하시고 7일간 격리하게 하십니다.

오늘의 적용

교회를 섬기도록 세우신 목회자들을 나는 어떻게 대하고 있습니까?

오늘의 기도

하나님이 세우신 종들을 존중하겠습니다. 목회자들에게 주님의 능력을 늘 부어주옵소서.

민 · 수 · 기

13장

본문 소개

네 번째 반역은 불순종입니다. 이스라엘 백성이 출애굽 후 범한 가장 큰 두 가지 죄가 있다면 금송아지 숭배 사건(출 32~34장)과 정탐꾼 파송(민 13~14장) 사건입니다. 하나님께서 모세를 통해 새로운 백성을 만드시겠다고 분노하셨습니다.

가나안 정탐에서 보여준 이스라엘 백성의 반역은 광야 생활을 38년 동안 연장하는 결과를 가져왔으며(신 2:14) 광야 방황은 15장에서 시작되어 20장에서 끝납니다. 38년 동안 있었던 일에 대한 기록은 거의 없습니다. 유일하게 기록된 사건이, 고라의 반역(16장), 아론의 지팡이(17장), 모세의 죄(20장) 등입니다.

1. 정탐꾼 파견(13:1-24)

이 사건은 바란 광야 가데스에서 일어났습니다. 정탐꾼 파견이 하나님의 명령처럼 표현했으나 모세의 회고에서 보면 백성들이 요구했고 모세가 허락한 것으로 되어있습니다(신 1:20-23). 모세가 동의한 일을 하나님께서도 동의해 주셨습니다. 각 지파의 대표가 정탐꾼으로 파견되었는데 1장에 세워진 지도자와 다른 사람들입니다. 모세는 이들을 보내면서 '가나안 땅 전체를 둘러보라(17~18절). 가나안 땅 원주민들의 규모와 능력을 파악하라(18절). 거주지로서의 환경과 땅의 기름짐

여부를 관찰'하도록 지시했습니다(19~20절).

정탐꾼들은 40일 동안 여러 지역을 거쳐 헤브론에서 돌아왔습니다(22절). 돌아오는 길에 포도송이를 두 사람이 막대기에 둘러메고 왔습니다(23절). 땅이 비옥했음을 보여주었습니다.

2. 정탐꾼 보고(13:25-33)

정탐꾼들은 긍정적인 면과 부정적인 면에 대해 보고했습니다. 그 땅은 하나님의 말씀대로 젖과 꿀이 흐르는 비옥한 땅이었으나(27절) 그 땅에 사는 족속은 강한 군대이며 견고한 요새에 살고 있다고 보고합니다(28~29절). 아낙 자손은 매우 큰 거인들로 자신들은 메뚜기처럼 보였다고 악평했습니다. 하나님을 불신하고 반역했습니다.

갈렙은 당장 올라가서 그 땅을 정복하자고 외쳤지만(30절), 정탐꾼들은 이미 낙담하고 있었습니다. "그들은 우리보다 강하니라"(31절). 정탐꾼들은 한 가지를 잊었습니다. 출애굽과 광야에서 하나님의 놀라우신 능력과 섭리를 체험했으면서도 하나님을 잊었습니다. 하나님의 약속을 기억하지 못했습니다.

성경 공부

문제❶ 가나안 땅 정탐 자는 총 몇 명으로 구성되었습니까? (13:2-15)

문제❷ 눈의 아들 여호수아의 또 다른 이름은? (13:16)

문제❸ 정탐 자들이 가나안 땅에서 가져온 열매는? (13:23)

문제❹ 정탐 자들은 며칠 동안 가나안땅을 정탐했습니까? (13:25)

문제❺ 악평한 자들과 달리 능히 싸워 취할 수 있다고 보고한 사람은? (13:30)

오늘의 묵상

하나님께서 약속하신 땅에 관해 다수의 정탐꾼은 악평하며 이스라엘을 선동합니다. 이는 하나님의 언약 말씀에 대한 불신이며 오직 눈에 보이는 환경에 굴복당한 믿음 없는 사람들의 모습입니다.
이미 하나님의 능력을 수없이 체험하고 목격했음에도 하나님을 불신한 것입니다.

오늘의 적용

내 주변에 부정적인 사람은? 나는 다른 사람에게 어떤 영향을 끼치고 있다고 생각합니까?

오늘의 기도

상황과 문제가 아닌, 그것마저도 주관하시는 주님을 바라보겠습니다.

민 · 수 · 기

14장

본문 소개

열 명의 정탐꾼은 가나안 땅을 악평했습니다. 그 땅은 비옥한 땅이지만 원주민은 강하고 요새에 살고 있으며, 거대한 아낙 자손을 보았다고 했습니다. 이스라엘 백성은 그들과 전쟁에서 결코 이길 수 없으며, 사람을 삼키는 땅이므로 정복해 봐야 다른 민족에게 정복당할 것이라고 비관적으로 평가했습니다.

1. 백성들의 원망(14:1-10a)

정탐꾼들의 악평을 듣고 백성들은 크게 동요했습니다. 백성들은 여호와와 모세를 원망하며 새 지도자를 세워 애굽으로 돌아가자고 선동했습니다(4절).

모세가 엎드리자 여호수아와 갈렙은 옷을 찢습니다(6~9절). '여호와가 함께하시는데 왜 두려워하는가? 하나님이 함께하신다면 그들은 우리의 밥'이라고 확신했습니다. 그러나 낙담한 백성들은 모세와 아론, 갈렙과 여호수아를 돌로 치려 했습니다.

2. 하나님의 분노(14:10-38)

하나님이 진노하셨습니다. 수많은 기적과 능력을 체험했지만 믿음을 갖지 못했습니다.

❶ 하나님의 분노(14:10-12). 하나님을 멸시하고 불신하는 백성들을 멸하시고 새로운 민족을 세우시기를 원하셨습니다. 이 범죄는 금송아지 숭배보다 더 심각한 죄로 여기셨습니다.

❷ 모세의 중보기도(14:13-19). 모세는 세 가지를 하나님께 기도합니다. 첫째. 이스라엘을 멸하시면 애굽과 세상 사람들에게 웃음거리가 될 것입니다(13~16절). 둘째. '하나님은 노하기를 더디 하시는 하나님'이라고 말씀하신 것을 기억하시길 구했습니다(17~18절, 출 34:6-7). 셋째. 출애굽에서부터 지금까지 베푸신 하나님의 자비를 계속 베푸시기를 간구했습니다(19절).

❸ 하나님의 용서(14:20-38). 모세의 기도를 들으시고 용서하기로 하셨지만 그들의 죄는 심판하셨습니다. 이미 열 번이나 하나님을 시험하고 불순종한 백성들이었기에 여호수아와 갈렙을 제외하고 가나안 땅에 들어갈 수 없습니다. 그리고 가나안 땅에 대해 악평했던 정탐꾼들은 모두 죽임을 당했습니다(36~38절).

3. 백성들의 어리석음(14:39-45)

뒤늦게 자신들의 죄를 깨달은 백성들은 다음날 가나안으로 올라갔습니다. 그러나 하나님께 다시 불순종하는 죄를 지었을 뿐입니다. 이스라엘 백성은 가나안 사람들에게 패배하고 호르마까지 도망쳐야 했습니다.

성경 공부

문제❶ 정탐꾼의 보고에 온 이스라엘은 어떤 결정을 내렸습니까? (14:4)

문제❷ 진노하신 하나님께 모세는 어떻게 간구합니까? (14:18~19)

문제❸ 갈렙과 여호수아를 제외한 백성들에게 내려진 하나님의 심판은? (14:23)

문제❹ 광야에서 40년간을 방황하게 하신 이유는? (14:34)

문제❺ 광야 40년의 심판 메시지를 들은 이스라엘의 반응은? (14:39-45)

오늘의 묵상

부정적인 보고를 들은 백성들은 동요하여 애굽으로 돌아가자고 선동합니다. 심지어 하나님이 세우신 지도자들을 죽이려고 했습니다. 하나님은 분노하셨고 모세는 다시 하나님의 자비를 구하는 기도를 합니다.
하나님은 다시 용서하시지만 여호수아와 갈렙만이 약속의 땅에 들어가게 될 것이라고 불신앙에 대해 심판하십니다.

오늘의 적용

회개하면 용서하시지만 대가를 치러야 하기도 합니다. 용서와 대가에 대해 써 봅시다.

오늘의 기도

용서하시지만 죄는 심판하시는 하나님을 두렵고 떨림으로 섬기겠습니다.

민 · 수 · 기

15장

본문 소개

이스라엘 백성들은 가나안 땅에 들어가지 못하고 광야에서 40년을 방황하다 죽어야 합니다. 이스라엘 백성들의 죄가 결국 하나님의 심판을 가져오고 말았습니다. 이스라엘 반역 사건들이 계속 전개되다가 갑자기 율법에 대한 규례를 가르치고 있습니다. 반역의 원인이 하나님 말씀에 대한 무지에서 시작됩니다. 반역하는 백성에게 율법을 주신 것은 하나님이 아직도 그들을 포기하지 않으셨다는 것을 보여주고 있습니다. 먼저 제사에 대한 추가적 규례를 가르치셨습니다.

1. 곡물과 요제(15:1-16)

짐승을 제물로 바칠 때 기름 섞은 곡물과 포도주를 함께 드려야 합니다. 어린양, 숫양, 수소를 드릴 때 함께 드리는 곡물과 기름과 포도주 양을 정해주셨습니다. 정해주신 규례를 따라 제물을 드릴 때 하나님이 기쁘시게 받으실 것입니다(3, 7, 10, 13, 14절). 제물에 추가하는 곡물과 포도주는 가나안 땅의 풍요를 상징했습니다.

2. 가루 떡(15:17-21)

이스라엘은 가나안 땅 소산물을 먹게 될 것이며 그 땅의 소산물을 먹을 때 하나님의 은혜를 기념하여 헌물을 드려야 합니다. 매년 첫 수확으로 만든 과자를 하나님께 드려 제사장이 '너희 집에 복을 내리게 하라'고 명령하셨습니다(겔 44:30). 순종과 감사에 대한 하나님의 선물입니다.

3. 속죄 제물(15:22-31)

죄를 지으면 죄의 종류에 따라 속죄 제물을 드리고 하나님께 용서를 구할 수 있습니다. 속죄 제물로 용서되는 죄의 목록을 가르치셨습니다.

❶ 공동체가 모르고 지은 죄(15:22-26).

❷ 개인이 모르고 지은 죄(15:27-29).

❸ 개인이 의도적으로 지은 죄(15:30-31).

계획적으로 지은 죄는 대속할 방법이 없습니다. 계획적인 죄는 하나님을 모독하는 행위로 반드시 쫓아냈습니다.

4. 안식일을 범한 사람(15:32-36)

이스라엘이 나태해져서 율법을 범했을 경우 어떤 처벌을 받아야 하는지 경고했습니다. 하나님 율법을 어기는 것을 스스로 경계해야 합니다.

5. 율법을 기념하는 청색 끈(15:37-41)

자손 대대로 옷자락 끝에 술을 만들고 청색 끈을 달았습니다. 하나님 말씀을 기억하고 순종하게 하는 상징이 청색 끈입니다.

성경 공부

문제❶ 가나안 땅의 양식을 먹기 시작할 때 하나님께 드릴 제사는? (15:19)

문제❷ 회중이 부지중에 범죄 했을 때 하나님께 드리는 제물은? (15:24)

문제❸ 개인이 부지중에 범죄 했을 때는 어떤 속죄 제물을 드립니까? (15:27)

문제❹ 고범죄를 저지른 자의 최후 심판은? (15:30)

문제❺ 옷단 귀에 술을 만들고 청색 끈을 더하게 하신 이유는? (15:39~40)

오늘의 묵상

불신앙의 결과는 약속의 땅을 밟지 못하는 것이었습니다. 그래서 다시 백성들에게 율법의 규례를 가르치십니다. 하나님을 향한 불신앙과 불평과 반역과 같은 범죄는 하나님 말씀을 모르는 무지에서 비롯되었기 때문입니다.

하나님 말씀을 항상 기억하고 따르는 것은 우리에게 정말 중요합니다.

오늘의 적용

하나님께서 내게 말씀을 주시는 이유를 써 본다면?

오늘의 기도

오늘 주신 말씀을 잘 기억하고, 말씀에 순종하고 실천하겠습니다.

민 · 수 · 기

16장

본문 소개

16~18장은 '제사장 반역 시리즈'가 이어지고 있습니다. 하나님의 권위에 도전하는 모든 행위에 대해 하나님이 심판하셨습니다. 모세와 아론을 임명하신 것은 하나님의 주권입니다. 그들을 거역하는 것은 하나님께 반역하는 것과 같은 죄입니다.

16장에서 고라 자손이 반역했습니다.

1. 공개적 반역(16:1-3)

가나안 땅에 들어갈 수 없게 된 백성들은 다시 요동했습니다. 고라가 이스라엘 지도자 250명과 함께 모세와 아론에게 공개적으로 반기를 들었습니다.

리더십에서 제외된 모세의 사촌 고라와 르우벤 자손들이 함께 불만을 품고 공모했을 것으로 추측합니다.

2. 반역에 대한 조치(16:4-11)

고라와 반역의 무리는 불필요한 제사장 제도로 하나님과 백성 사이를 가로막고 있다고 주장했습니다(3절). 모세는 반역자 무리에게 각자 향로에 불을 피워 성막 앞에 모이도록 했습니다. 모세는 레위인들을 책망했습니다. 성막에서 하나님을 섬기는 기회를 주셨는데 이제 제사장 자리를 넘보고 있다는 사실에 분노했습니다(9-10절).

3. 모세의 수모(16:12-15)

반역에 가담한 르우벤 지파 다단과 아비람이 모세의 부름을 거절하고 모세에 대해 악담했습니다. 모세는 폭군이며 실패자라고 비난했습니다.

4. 성막 앞에서(16:16-24)

하나님의 영광이 회막 앞에 임하고 하나님은 온 이스라엘을 전멸시키겠다고 하셨습니다. 모세와 아론의 중보기도로 하나님은 주동자만 처벌하시기로 하셨습니다. 고라, 다단, 아비람이 하나님 앞에 섰습니다.

5. 하나님의 심판(16:25-40)

땅이 입을 벌려 그들과 반역에 동참했던 가족, 모든 소유를 삼켜버렸고(30절), 250명은 불로 타 죽었습니다(35절). 250개 향로를 펴서 제단에 씌웠습니다. 백성들이 제물을 드리러 올 때마다 고라의 반역을 기억하고 하나님이 세우신 제사장 직분을 무시하지 말라는 경고였습니다.

6. 이스라엘의 반역(16:41-50)

백성들은 반역자가 심판받은 것을 보고도 다시 모세와 아론을 비난했습니다. 1만 4,700명이 죽은 염병 심판은 아론의 향로를 통해 중단되었습니다. 하나님이 심판하셨던 향로가 오늘은 구원의 향로가 되었습니다.

성경 공부

문제❶ 모세에게 반역한 자들은? (16:1~2)

문제❷ 고라 일당이 모세를 비방한 내용은? (16:3)

문제❸ 고라 일당의 반역에 대한 하나님의 반응은? (16:20~21)

문제❹ 하나님의 심판은 들은 모세와 아론의 행동은? (16:22)

문제❺ 여호와의 진노가 반역하는 이들에게 어떻게 나타났습니까? (16:31~35)

오늘의 묵상

하나님은 모세와 지도자를 세우시고 그분의 권위를 위임하셨습니다. 그러므로 지도자에 대한 불신은 하나님에 대한 불신입니다. 고라의 주동으로 지도자들을 향한 반역이 일어났습니다. 그러나 하나님이 개입하셔서 무섭게 반역의 무리를 심판하셨습니다.

오늘의 적용

하나님이 세우신 권위(부모, 남편, 목회자, 스승)에 순종하고 있습니까?

오늘의 기도

하나님이 세우신 권위에 순종하겠습니다. 또한 권위자들도 하나님께 겸손히 순종하게 하옵소서.

민 · 수 · 기

17장

본문 소개

하나님께 대한 원망, 지도자에 대한 불신, 거룩한 직분에 대한 탐욕. 교회에서도 같은 현상이 일어나고 있습니다. 하나님께서 아론의 대제사장 직분을 인증하셨습니다. 싹이 난 아론의 지팡이가 하나님이 공개하신 거룩한 표시였습니다.
아론이 반역한 1만 4,700명 죽음의 재앙을 멈추게 함으로써 제사장직에 대한 아론의 권위를 인정해 주셨습니다(16:41-50). 그리고 추가적인 표징을 다시 공증해 주셨습니다.

1. 13개의 지팡이(17:1-4)

이스라엘 각 지파의 지도자 지팡이를 가져오게 하여 증거궤 앞에 두었습니다. 지팡이는 지도자를 상징했습니다. 각 지팡이에는 지파 지도자의 이름을 새겼습니다. 그중 하나의 지팡이에 새싹이 돋아나게 하여 그 지팡이 주인이 이스라엘을 대표하는 자임을 보여주시겠다고 하셨습니다. 지도자는 권위가 없으면 백성을 이끌 수 없습니다.

2. 하나님의 목적(17:5)

이스라엘이 다시는 제사장의 권위에 도전하지 않도록 하셨습니다. 제사장 직분이 거부되면 하나님의 성막과 모든 제사가 무효가 되기 때문에 하나님이 제사장 직분에 대한 권위를 거룩하게 보호하셨습니다.

이스라엘의 반역은 '물과 음식'에서 시작하여 하나님이 임명하신 '거룩한 직분'까지 도전하고 있습니다. 교회사에서 교회 쇠퇴기마다 거룩한 직분이 거절되고 무시되곤 했습니다.

3. 아론의 지팡이(17:6-11)

모세가 장막에 들어갔을 때 아론의 지팡이에 싹이 나고 꽃이 피어 살구 열매(아몬드)가 열렸습니다. 하룻밤 사이에 죽은 나무에서 생명의 역사가 일어났습니다. 초대교회 교부들은 아론의 지팡이를 그리스도의 부활 모형으로 해석했습니다. 살구 열매(아몬드)는 성막 안 등잔대 모양(출 25:33-34)과 같았습니다. 아몬드를 뜻하는 히브리어는 '지킨다'라는 동사에서 파생되었습니다. 등잔대의 기본 기능이 성막을 지키는 것이었습니다. 아론의 아몬드 열매 대제사장 지팡이도 이스라엘 백성을 지키는 제사장 직분을 상징했습니다.

하나님은 아론의 지팡이를 증거궤 앞에 두어 반역한 자들에 대한 증거로 삼으라고 명령하셨습니다(10절).

17:12-13 본문은 18장에서 함께 공부하겠습니다.

성경 공부

문제❶ 하나님께서 이스라엘 자손에게 명령하신 것은? (17:2)

문제❷ 하나님께서 지휘관들이 가져온 지팡이를 어디에 두었습니까? (17:4)

문제❸ 이스라엘 각 지파의 지팡이를 증거궤 앞에 두신 이유는? (17:4~5)

문제❹ 하나님께서 싹이 난 아론의 지팡이를 증거궤 앞에 간직하게 하신 이유는? (17:10)

문제❺ 이스라엘 백성이 성막에 나아가기를 두려워한 이유는? (17:12~13)

오늘의 묵상

하나님께서 사람을 세워 지도자로 세우신 이유는 백성을 하나님 뜻대로 이끌기 위함이었습니다. 그런데 그 지도력을 거부하면 이는 하나님에 대한 도전이 됩니다. 백성들의 도전에 대해 아론의 지팡이에 싹이 나게 하심으로 아론의 지도력을 증명하셨습니다. 그리고 그 지팡이를 증거 삼게 하셨습니다.

오늘의 적용

우리 교회 공동체는 하나님이 세우신 지도력에 잘 순종하는지 평가해 본다면?

오늘의 기도

제가 감히 하나님 뜻(말씀)에 도전하거나 반역하지 않겠습니다.

민 · 수 · 기

18장

본문 소개

하나님은 '지팡이 증거'를 통해 아론과 그 자손들만이 성막에서 봉사할 수 있도록 선택받았다는 사실을 공개 선언하셨습니다. 이스라엘 백성들은 그것을 보고 좌절하여 부르짖었습니다(17:12-13). 백성들은 성막에 가는 것이 두려워졌습니다.

하나님이 아론에게 대안을 제시하셨습니다.

1. 하나님의 대안(18:1-7)

백성들이 성막을 범하는 죄를 짓게 되면 그 책임을 제사장과 레위인에게 물으시겠다고 하셨습니다.

❶ 일반인들이 성막(또는 성막 기구)을 범하면 제사장들과 고핫 자손이 책임을 져야 합니다(1a절).

❷ 일반인이 제사장 직분을 범하면 제사장들이 책임을 져야 합니다(1b절). 범죄자를 막지 못한 것이 제사장의 죄가 되었습니다.

❸ 레위 사람이 제사장 직분을 범하면 제사장과 레위인들이 책임을 져야 합니다(3절). 레위인들은 제사장들을 돕는 사람들입니다(2절).

2. 제사장과 레위인 특권(18:8-32)

제사장 직분과 레위인들은 죽음의 위험을 안고 섬기는 직분이지만 그들이 누리는 은혜와 특권은 특별했습니다. 그들은 하나님을 가장 가까운 곳에서 섬겼으며 하나님이 생계를 책임져 주신 사람들입니다. 하나님이 그들의 유산과 소득이 되셨습니다(20절).

❶ 제사장의 6가지 소유(18:8-20). 거룩한 제물. 가족들이 먹을 수 있는 거룩한 제물(11절). 첫 소산 제물(12~13절). 하나님 몫으로 바쳐진 것(14절). 사람과 짐승의 첫 새끼(15~18절). 백성이 특별히 바친 제물(19절)이 제사장 소유가 되었습니다.

❷ 레위 사람에게 십일조를 주셨습니다(18:21-24).

❸ 제사장 일곱 번째 몫(18:25-32)은 레위인들 십일조입니다. 이스라엘 백성들은 레위인들에게 십일조를 바친 것처럼 레위 사람들도 십일조의 십일조를 드렸습니다. 자신이 받은 것 중에 가장 좋은 것으로 십일조를 드렸습니다(29절). 레위인들이 바친 십일조는 제사장 몫이 되었습니다.

❹ 하나님께 바친 제물의 일부는 제사장 몫입니다. 성막에서 봉사하는 레위인과 제사장들은 성막에서 일한 보수를 제물의 일부로 받았습니다. 신약에서도 하나님을 섬기는 사역자들의 물질적 필요를 채우도록 가르치셨습니다(고전 9:3-11).

성경 공부

문제❶ 성소에 대한 죄는 누가 책임져야 합니까? (18:1)

문제❷ 레위인들이 장막의 직무를 할 수 있었지만 금지된 일은? (18:3)

문제❸ 하나님께서 아론에게 제사장 직분을 무엇으로 주셨습니까? (18:7)

문제❹ 하나님께서 아론에게 기업과 분깃을 주시지 않은 이유는? (18:20)

문제❺ 레위인들이 받을 기업은? (18:21)

오늘의 묵상

하나님의 세우심을 받은 제사장과 레위인은 백성들이 죄를 범하지 않도록 하는 책임을 져야 합니다. 그리고 하나님은 제사장과 레위인의 몫을 책임져 주셨습니다. 무엇보다 하나님이 그들의 분깃이 되셨습니다. 사역자들의 필요를 채워주는 것은 교회의 마땅한 책임입니다.

오늘의 적용

우리 교회는 하나님을 섬기는 바른 사역자들을 잘 섬기고 있습니까?

오늘의 기도

사역자들(목회자, 선교사)을 잘 섬기겠습니다.

민 · 수 · 기

19장

본문 소개

하나님과 성막을 섬기는 일은 오직 제사장들과 레위 사람들의 고유한 영역이므로 결코 침범해서는 안 됩니다. 성막의 규례를 어기는 경우 죽음과 심판을 피할 수 없습니다.
이제 19장에서 이스라엘 진영의 성결을 어떻게 유지해야 하는지를 말씀하십니다. 특히 시체를 만졌을 때 어떻게 정결해질 수 있는지에 대해 중점적으로 다루고 있습니다.

1. 붉은 암송아지의 재(19:1-10)

이스라엘 백성이 부정하게 되었을 때 정결 예식에 사용되는 가장 중요한 것이 붉은 암송아지 재입니다. 암송아지 재를 얻기 위해 어떻게 해야 하는지를 설명하고 있습니다. 암송아지 재는 예수님의 모형입니다. 그리스도의 피가 우리의 죄를 용서하셨습니다.

"염소와 황소의 피와 및 암송아지의 재를 부정한 자에게 뿌려 그 육체를 정결하게 하여 거룩하게 하거든 하물며 영원하신 성령으로 말미암아 흠 없는 자기를 하나님께 드린 그리스도의 피가 어찌 너희 양심을 죽은 행실에서 깨끗하게 하고 살아 계신 하나님을 섬기게 하지 못하겠느냐"(히 9:13-14).

붉은(갈색) 소가 붉은 피의 색과 가장 가까운 색입니다.

2. 정결케 하는 물(19:11-22)

암송아지 재를 가지고 정결케 하는 물을 만들었습니다(9, 13, 20, 21절). 붉은 암송아지의 재를 섞어 만든 '정결하게 하는 물' 사용법을 설명했습니다.

❶ 시체를 만진 경우(19:11-13). 누구든지 시체를 만지면 7일 동안 부정합니다. 시체를 만지고 정결 예식을 치르지 않으면 거룩한 성막을 더럽힌 자로 이스라엘에서 끊어지게 됩니다.

❷ 시체로 부정하게 되는 경우(19:14-22). 사람이 천막 안에서 죽으면 그 천막에 있는 사람, 뚜껑이 열려있던 물건들, 천막에 들어간 사람들은 모두 7일 동안 부정하게 됩니다. 부정한 사람이 정결하게 하는 물을 뿌리지 않으면 성막이 더러워졌습니다.

❸ 부정한 사람이 닿거나 만진 것은 무엇이든지 부정해졌습니다. 정결케 하는 물로 씻어야만 합니다. 교회도 정결케 하는 물로 씻어 정결하게 됩니다. 하나님 말씀이 정결한 물입니다.
"이는 곧 물로 씻어 말씀으로 깨끗하게 하사 거룩하게 하시고 자기 앞에 영광스러운 교회로 세우사"(엡 5:26-27a).

성경 공부

문제❶ 온전하여 흠이 없는 붉은 암송아지는 무엇을 상징합니까? (19:2)

문제❷ 제사장은 정결 의식을 위해 짐승의 피를 어떻게 했습니까? (19:4)

문제❸ 제사장은 암송아지를 사르는 불 속에 무엇을 던져 넣습니까? (19:6)

문제❹ 시체 만진 자의 정결 의식은? (19:11~12)

문제❺ 사람이 부정하고도 정결 의식을 행하지 않으면? (19:20)

오늘의 묵상

이스라엘 공동체를 정결하게 유지하는 것에 대해 말씀하십니다. 정결한 자만이 진영에 속할 수 있기 때문입니다. 붉은 암송아지는 그리스도 피의 모형으로, 그리스도의 피만이 우리를 정결하게 하십니다. 하나님 말씀이 정결하게 하는 물입니다.

오늘의 적용

나를 정결하게 하는 하나님 말씀을, 매일 내 마음에 두기 위해 지금 나에게 어떤 실천이 필요합니까?

오늘의 기도

하나님 말씀만이 저를 정결하게 하심을 믿습니다. 말씀을 사랑하겠습니다.

민 · 수 · 기

20장

본문 소개

이스라엘 백성의 '반역 시즌3 이야기'가 20~25장에서 다시 이어집니다. 광야 40년 동안 출애굽 1세대는 광야에서 다 죽임을 당하고 출애굽 2세대가 준비되었습니다.
20장은 가데스에서 호르산까지 여정의 기록입니다. 민수기 가운데 가장 어둡고 절망적인 장이기도 합니다. 미리암과 아론이 죽고 모세도 가나안 땅에 들어가지 못합니다.

1. 미리암의 죽음(20:1)

미리암이 죽은 시기에 대해 학자들 사이에 의견이 분분합니다. 미리암의 죽음은 중요한 상징입니다. 미리암이 갈대 상자에 떠내려가던 모세를 도왔던 구원자이기 때문입니다(출 2:1-10). 출애굽 이스라엘 3대 지도자 중 한 사람인 그녀의 죽음은 아론과 모세의 죽음이 임박했음을 암시합니다.

2. 가데스와 므리바(20:2-13)

14장에서 백성이 반역하고 16장에서 고라와 지도자들이 반역하며, 20장에서 모세가 반역하다가 약속의 땅에 들어가지 못하게 됩니다.

❶ 이스라엘 백성이 다시 모세와 아론에게 원망합니다(2~5절). 먹을 것과 마실 물이 없는 문제로 모세와 다투었습니다.

❷ 모세와 아론이 회막 문에 엎드렸습니다(6~8절). 하나님이 반석에 명령하여 물을 마시게 하라고 지시하셨습니다.

❸ 모세의 분노가 폭발했습니다(9-11절). '이 반역자들아' 지난 40년 동안 이스라엘 백성은 불만과 원망을 쏟아놓는 완악한 사람들이었습니다. 모세는 하나님 명령을 어기고 지팡이로 반석을 쳤습니다. 백성들에 대한 실망 때문에 불순종했습니다.

❹ 모세가 버림을 받게 됩니다(12~13절). 한순간 불순종으로 버림을 받았습니다. 하나님께 불순종했기 때문에 대가를 치러야 했습니다. 그곳을 '므리바' '다툼'이라고 불렀습니다.

3. 에돔이 거부함(20:14-21)

모세는 에돔에게 외교 편지를 보내 에돔 땅 통과를 정중하게 요청했으나 거절당합니다. 군대를 이끌고 나온 에돔을 피해 우회를 결정합니다(21절).

형제 나라와 전쟁을 원치 않았습니다.

4. 아론의 죽음(20:22-29)

호르산에 도착하고 모세는 아론이 죽기 전 그의 옷을 벗겨 엘르아살에게 입혔습니다. 한 세대가 지나가고 새로운 세대가 시작되었습니다.

성경 공부

문제❶ 가데스에서 이스라엘 백성들이 모세와 아론을 원망한 이유는? (20:2~5)

문제❷ 백성들의 원망을 들은 모세와 아론의 반응은? (20:6)

문제❸ 물로 원망하는 회중을 위해 하나님께서 모세에게 하신 명령은? (20:8)

문제❹ 모세와 아론이 가나안 땅에 들어가지 못한 이유는? (20:10-12)

문제❺ 모세가 에돔 왕에게 사신을 보내어 요청한 것은? (20:14~17)

오늘의 묵상

백성들이 다시 반역합니다. 그리고 모세가 그런 백성을 향해 분노하다가 하나님이 명하신 방법을 바로 따르지 못합니다. 이것으로 모세는 가나안 땅에 들어가지 못하는 대가를 받게 됩니다. 그리고 아론이 죽기 전 하나님은 그를 대신할 제사장을 세우십니다.

이제 한 세대가 가고 다음 세대가 시작됩니다.

오늘의 적용

지금 하나님의 말씀에서 정하신 행동에 반하고 있는 것은?

오늘의 기도

하나님께 불평하지 않아야 하지만, 혹 불평이 생길 때 그것이 하나님 뜻을 어기는 행동으로 이어지지 않도록 하겠습니다.

민 · 수 · 기

21장

본문 소개

아론의 나이 123세, 출애굽 후 40년, 다섯째 달 초하루였습니다(33:38-39). 아론의 죽음은 이스라엘 광야 여정이 끝나가고 있음을 상징하고 있습니다. 이스라엘은 에돔의 반대로 그 땅을 통과하지 못하고 방향을 바꾸어야 했습니다(20:21).

가나안 땅으로 가는 도중에 소규모 전투를 통해 전쟁을 훈련하셨습니다. 출애굽 2세대가 약속의 땅을 얻으려면 전쟁을 배워야 하기 때문입니다. 에돔의 반대가 오히려 기회가 되었습니다.

1. 호르마 승리(21:1-3)

가나안을 통과하던 중 아랏의 왕이 이스라엘을 먼저 공격했습니다. 아론의 죽음 후 전쟁에 가담했던 이스라엘 군대는 출애굽 2세대일 가능성이 큽니다.

출애굽 1세대는 한 번도 전쟁에 승리하지 못했습니다. 출애굽 2세대는 세대교체를 마치고 새로운 역사를 쓰기 시작합니다. 아랏 군대는 전멸하고 그곳 이름을 호르마로 불렀습니다. 호르마는 '파괴'라는 뜻으로, 첫 번째 전쟁 승리였습니다.

2. 반역과 심판(21:4-9)

이스라엘은 다시 하나님과 모세를 향해 원망합니다. 하나님은 불 뱀을 보내 징계하셨습니다. 백성들이 기도를 요청하고, 하나님께서 놋 뱀 치유를 제시하셨습니다. 장대에 달린 놋 뱀을 보는 자는 살았습니다. 예수님도 놋 뱀으로 십자가 구원을 설명하셨습니다(요 3:14-15).

3. 모압으로 행진(21:10-20)

이스라엘 백성은 '오봇 - 이예아바림 - 세렛 골짜기 - 아르논' 등 지역을 통과했습니다. 브엘에서 하나님은 은혜를 베푸셔서 물을 주시고, 이스라엘은 감사와 기쁨의 노래를 불렀습니다(16~18절). 이스라엘이 출애굽 후 두 번째 노래였습니다(첫 번째: 홍해 출 14~15장).

4. 요단 동편에서의 승리(21:21-35)

요단 동편에서의 전쟁과 승리는 가나안 정복 역사에 중요한 승리였습니다. 요단 동편도 약속의 땅이 되어 르우벤, 갓, 므낫세 1/2 지파가 기업으로 받았습니다. 요단 동편 전쟁 승리로 하나님께서 가나안 정복을 위한 '거룩한 전쟁 시작'을 선언하셨습니다.

❶ 아모리 왕 시혼을 정복함(21:21-32).

❷ 바산 왕 옥을 정복함(21:33-35). 시혼과 옥을 정복한 전쟁 승리 소문이 가나안 땅에 하나님이 누구이신가를 알렸습니다.

성경 공부

문제❶ 백성들이 길로 인하여 하나님과 모세를 원망한 내용은? (21:5)

문제❷ 원망하는 백성들을 향해 하나님의 진노는? (21:6)

문제❸ 하나님의 불 뱀 징계에 대해 백성들의 어떤 반응은? (21:7)

문제❹ 장대 위에 달린 놋 뱀과 예수 그리스도의 공통점은 무엇입니까?

문제❺ 이스라엘이 무찌른 두 왕은 누구입니까? (21:23~24, 33~35)

오늘의 묵상

아랏이 이스라엘을 공격하는 첫 전쟁이 있었습니다. 이스라엘은 이 전쟁에서 승리함으로 앞으로의 정복 전쟁의 좋은 훈련이 됩니다. 지도자를 향한 원망이 다시 있었고, 하나님은 불 뱀으로 심판하십니다. 그리고 놋 뱀을 보내 회개하고 바라보는 자는 살게 하셨습니다. 이는 장차 그리스도를 바라보는 자는 산다는 것을 보여주신 것입니다.

오늘의 적용

나는 예수님을 부르고 예수님만 바라봅니까?

오늘의 기도

모든 열방이 예수 그리스도를 바라보게 하옵소서. 이 땅을 고쳐주옵소서.

민 · 수 · 기

22장

본문 소개

타락한 거짓 예언자 발람 이야기는 22~25장까지 계속됩니다. 발람 이야기는 욕망에 사로잡힌 탐욕주의를 고발했습니다. 이스라엘은 지금까지 내부적 갈등을 겪었습니다. 이제 외부적 위협을 겪게 됩니다. 주변 국가들이 이스라엘의 앞길을 가로막기 위해 모든 음모를 꾸미지만, 하나님께서 원수들의 모든 계획을 막아주셨습니다. 하나님이 우리의 보호자이십니다.

1. 발락과 발람(22:1-6)

모압 평지에 도착했습니다. 출애굽 1세대에서 2세대로 세대교체가 끝났음을 의미합니다. 모압 왕 발락이 이스라엘을 두려워하여 브돌의 점장이 발람의 힘을 빌리기로 했습니다(6절). '저주 전문가' 발람이 이스라엘을 저주하게 하여 이스라엘을 약화하려는 음모를 꾸몄습니다.

2. 발람의 저주(24:7-20)

발락은 먼저 모압과 미디안 장로들을 보내어 발람에게 메뚜기 떼처럼 강한 이스라엘 민족을 저주해 달라고 부탁합니다. 발람은 하나님의 음성을 듣겠다고 말하지만 거짓 선지자일 뿐입니다. 발람은 하나님을 아는 자였지만 다신 주의자였습니다(23:1). 하나님은 이스라엘 백성은 복을 받은 민족이므로 발람의 저주를 금지하셨습니다.

발락은 다시 사절단을 보냅니다(15절). 발람에 대한 예우를 한 단계 높였습니다. 파격적인 보상을 제안하자 발람은 처음엔 거절했다가 다시 하나님께 묻겠다고 말합니다. 하나님은 이미 저주하지 말라고 말씀하셨는데 발람이 다시 묻겠다는 것은 그가 재물의 유혹을 받았다는 증거였습니다.

3. 발람, 나귀, 천사(22:21-41)

천사는 세 차례 서 있었습니다(22, 24, 26절). 나귀도 천사를 세 번 보았습니다(23, 25, 27절). 발람은 나귀를 세 차례 때렸습니다(23, 25, 27절).

발람이 길을 떠나자 하나님은 진노하시고 발람의 길을 가로막으셨습니다. 나귀가 본 천사를 발람은 보지 못했습니다. 사이비 무당임이 드러났습니다. 말하는 나귀와 발람. 나귀의 입을 열어주신 하나님이 발람의 눈을 열어주셨습니다(31절). 발람은 자신의 잘못된 선택을 고백하고 돌아가겠다고 말하지만, 하나님은 "내가 주는 말만하라."라고 거듭 경고하시고 보내셨습니다.

발락을 만난 발람은 하나님이 주신 말만 하겠다고 말합니다.

성경 공부

문제❶ 모압 왕 발락이 이스라엘을 두려워한 이유는? (22:2~3)

문제❷ 발락은 왜 브돌에 사는 발람을 초청했습니까? (22:5~6)

문제❸ 발람을 태운 나귀가 밭으로 들어간 이유는? (22:23)

문제❹ 발람을 책망하기 위해 하나님께서 사용하신 방법은? (22:28)

문제❺ 여호와의 사자가 발람을 막으려고 했던 이유는? (22:32)

오늘의 묵상

하나님의 뜻을 알지만 욕심은 하나님 뜻을 거스르게 만듭니다. 발람의 교훈은 이 사실을 우리에게 보여줍니다. 유혹에 어두워지면 나귀도 보았던 하나님의 사자를 보지 못합니다. 죄에 사로잡히면 하나님의 뜻을 알고도 반역하게 됩니다.

하나님은 발람의 입술을 통제하셔서 도리어 이스라엘을 축복하게 하십니다.

오늘의 적용

하나님의 뜻을 알면서도 욕심 때문에 고집부리고 있는 것은?

오늘의 기도

욕심으로 인해 하나님 영광을 보지 못하는 일이 없도록 하겠습니다.

민 · 수 · 기

23장

본문 소개

하나님은 나귀를 통해 어리석은 발람을 부끄럽게 하셨습니다. 발람은 하나님이 금지하셨음에도 불구하고 재물에 눈이 어두워 이스라엘을 저주하는 일에만 집착했습니다. 하나님께서 발람의 속셈을 아시고 그가 가는 길을 막으셨습니다.

1. 발락과 발람(23:1-6)

사이비 예언자와 발락이 만났습니다. 발락은 발람을 데리고 이스라엘 백성의 진영을 보여주었습니다. 고대 시대에서는 누구를 저주하려면 눈으로 직접 봐야 한다고 생각했습니다. 발람은 발락에게 제단 7개, 수송아지와 숫양 각각 7마리를 준비시킵니다. 일곱 개 제단은 발람이 다신 주의자임을 보여주는 증거였습니다.

2. 발람의 첫 번째 예언(23:7-12)

하나님이 발람의 입에 주신 말씀대로 발람이 첫 번째 예언을 전했습니다. 발람의 저주를 기대했던 발락은 충격을 받았습니다. 발람은 이스라엘을 저주할 수 없다고 말했습니다(8절). 이스라엘 백성은 특별한 백성이며 세상 다른 민족들과 다르고(9절) 복된 미래를 가진 하나님의 백성(10절)이라고 예언해야 했습니다.

3. 발람의 두 번째 예언(23:13-26)

발락은 실망하고 발람을 다른 장소로 데려갑니다. 비스가 산꼭대기에 다시 일곱 제단을 세우고 일곱 수송아지와 숫양을 제물로 바쳤습니다.

발람은 다시 하나님 말씀을 받고 돌아와 예언했습니다(16~17절). 발람은 하나님이 복 주실 것을 작정하셨기에 자신도 하나님의 결정을 바꿀 수 없다고 말했습니다(20절). 이스라엘은 하나님께 저주받을 만한 어떤 죄도 짓지 않았으며(21절), 하나님이 이스라엘과 함께 계시고 그들이 하나님을 왕으로 섬기고 있기에 어떤 무당과 마술사도 이스라엘을 저주할 수 없다고 했습니다(23절).

이스라엘은 세상 모든 민족에게 부러움의 대상이 될 것이며 이스라엘은 사자와 같아서 누구도 대적할 수 없습니다(24절). 이스라엘을 대적하는 자들은 오히려 죽임을 당할 것입니다.

저주를 기대했던 발락은 분노합니다(25절). 발람은 이번에도 하나님이 주신 말씀대로 했을 뿐이라고 말했습니다. 자신은 신들의 신탁을 받은 대로 말하는 예언자임을 강조했습니다.

23:27-30 본문은 세 번째 예언과 함께 공부하겠습니다.

성경 공부

문제❶ 발람이 발락에게 요구한 것은? (23:1)

문제❷ 발람이 하나님 뜻을 따르도록 하나님께서 행하신 것은? (23:5)

문제❸ 이스라엘을 축복하는 발람에게 발락이 요구한 것은? (23:13)

문제❹ 발람의 예언 속에 나타난 하나님은? (23:19)

문제❺ 두 번째 이스라엘을 축복한 발람에게 발락이 요구한 것은? (23:25)

오늘의 묵상

발람은 하나님을 섬기는 사람처럼 보이지만 다신론자였습니다. 하나님의 뜻을 알면서도 미련을 버리지 못하고 발락의 요구에 이끌려 다닙니다. 발람은 하나님이 주신 말씀을 말한 것이라고 발락에게 말하지만, 사실 하나님의 뜻을 이겨보려고 고집부릴 뿐입니다.

오늘의 적용

내 고집 때문에 하나님 뜻과 반하게 행동하고 있는 것은?

오늘의 기도

주님의 뜻에 저를 맞추고 순종하겠습니다.

민 · 수 · 기

24장

본문 소개

하나님이 발람을 막으셨다가 보내신 이유가 밝혀졌습니다. 하나님은 발람을 역이용하셔서 이방 민족에게 이스라엘과 하나님과의 관계를 설명하시고, 이스라엘 백성이 어떤 민족인지를 그 영광과 특권과 존귀함을 알게 하려고 하셨습니다.

1. 발람의 세 번째 예언(23:27~24:13)

분노한 발락은 장소를 옮겨 발람에게 이스라엘을 저주할 것을 요청합니다. 발람은 브올 산꼭대기에서도 일곱 개 제단에서 수송아지와 숫양을 바쳤습니다. 수송아지와 숫양은 가장 비싼 제물입니다.

발람은 하나님이 자기를 통해 이스라엘을 복 주시는 것을 깨달았습니다. 이스라엘을 저주하려던 발람이 변화되었습니다.

❶ 발람은 하나님의 관점에서 이스라엘을 바라보게 되었습니다.

❷ 하나님이 이스라엘에게 주실 땅은 온 세상이 부러워하는 땅입니다(5~7절). 물 댄 동산과 같고, 이스라엘은 냇가에 심어진 백향목 같은 민족이 될 것입니다.

❸ 이스라엘은 큰 승리를 얻고 그 영광이 온 세상에 드러날 것입니다.

❹ 하나님이 이스라엘 민족을 인도해 내셨고 하나님의 능력이 들소와 같이 자기 백성에게 승리를 주실 것을 예언했습니다.

이스라엘은 복의 근원입니다(9절). 이스라엘을 축복하면 복을 받고, 저주하는 자는 저주를 받을 것입니다(창 12:1-3).

2. 발람의 마지막 예언(24:13-25)

발락과 발람이 갈라섰습니다. 발람은 떠나기 전 한 번 더 예언했습니다. 마지막 예언은 이스라엘을 미워하는 주변 국가들, 특히 모압과 에돔의 미래에 대한 예언입니다. 발람은 이스라엘이 계속 번성할 것을 말했습니다. 주변 국가의 위협에도 이스라엘은 절대로 망하지 않을 것입니다. 하나님이 이스라엘과 함께하시기 때문입니다.

❶ 이스라엘에서 한 별이 나와 모압과 에돔을 차지할 것입니다. 모압 왕 발락이 이스라엘을 저주하려 했는데 도리어 저주를 받았습니다.

❷ 아말렉도 망할 것입니다(20절). 이스라엘을 처음 대적했던 죗값을 치르게 됩니다.

❸ 겐 족속과(21~22절) 깃딤 해변의 민족들도 망하게 될 것을 예언했습니다.

하나님은 발락과 발람의 저주를 복으로 바꾸시고, 가나안 족속에게 이스라엘이 어떤 민족인지를 밝히 증명해 주셨습니다.

성경 공부

문제❶ 발람이 전과 같이 점술을 쓰지 않은 이유는? (24:1)

문제❷ 발락이 발람에게 심히 노한 까닭은? (24:10)

문제❸ 발람이 이스라엘을 계속 축복하게 된 이유는? (24:13)

문제❹ 아말렉을 향한 발람의 예언은? (24:20)

문제❺ 발람에게 아무것도 얻지 못한 발락은 어떻게 했습니까? (24:25)

오늘의 묵상

발람은 자신의 행보가 잘못된 것을 알면서도 욕심 때문에 포기하지 못했습니다. 하나님은 이런 발람을 역이용하셔서 이스라엘이 어떤 민족이며, 그 민족을 하나님께서 지키고 계심을 주변 나라에 나타내게 만드셨습니다.

이스라엘을 대적하는 나라들은 결국 무너집니다.

오늘의 적용

나를 통해 하나님은 어떤 영광을 받으시길 원하십니까?

오늘의 기도

저를 통해 하나님의 존귀하심만 나타내시옵소서.

민 · 수 · 기

25장

본문 소개

모압에 의한 외부적 위협이 계속되고 있습니다. 발람은 자기 집으로 돌아가지 않았습니다. 하나님의 경고 때문에 이스라엘을 축복했지만, 그는 가던 길을 멈추고 이스라엘을 해칠 새로운 계략을 꾸몄습니다. 모압 여인들로 이스라엘 남자들을 유혹하여 음행과 우상숭배에 빠지게 하여 2만 4천 명이 죽임을 당했습니다. 이 타락의 주동자가 발람 이었습니다(31:16).

1. 모압 여자들의 유혹(25:1-3)

이스라엘 백성들이 강 건너 여리고 성이 보이는 싯딤에 머물러 있을 때 주변 모압 여인들과 음행에 빠졌습니다. 음행은 우상숭배를 가져왔습니다. 모압 여인들이 점쟁이 발람이 하지 못한 일을 해냈습니다. 이 사건을 통해 이스라엘은 처음 바알과 대면하게 됩니다.

2. 하나님의 심판(25:4-9)

하나님이 크게 진노하셨습니다. 하나님이 백성의 우두머리를 모두 처형하셨습니다(4절). 공동체 부패와 타락은 지도자의 책임입니다. 바알브올과 결합한 남자들을 처형하는 동안 한 남자가 미디안 여자를 형제에게 데려왔습니다(6절). 지켜보던 비느하스가 창을 들고 장막에 들어가 두 사람을 죽였습니다(7~8절). 그러자 재앙이 멈췄습니다. 재앙으로 인해 이미 2만 4천 명이 죽었습니다(9절).

3. 하나님의 복 주심(25:10-13)

하나님이 비느하스에게 복을 주셨습니다. 비느하스의 결단과 용기는 이스라엘을 더러움에서 정결케 하려는 희생이었습니다. 모압 여인과의 음행은 우상숭배로 연결되기 때문입니다(11, 13절). 비느하스가 이스라엘의 죄를 속했으며 하나님의 질투를 진정시켰습니다. 하나님께서 비느하스와 그 자손들에게 영원한 제사장 직분을 보장하는 언약을 세우셨습니다(13절). 하나님 편에 서는 자가 쓰임 받습니다.

4. 이스라엘 원수 미디안(25:14-18)

비느하스가 죽인 사람은 유력한 집안 출신이었습니다(14, 15절). 죽은 모압 여인은 추장의 딸로 이방 종교 여 제사장으로 추정합니다. 하나님은 미디안을 원수로 여기고 진멸하라고 명령하셨습니다(17절).

모압 여자들이 음행했는데 미디안을 치라고 하신 것은 모압이 미디안 연합국의 일원이었기 때문입니다. 이렇게 광야 40년 방황 이야기와 함께 출애굽 1세대가 끝났습니다.

성경 공부

문제❶ 이스라엘이 싯딤에 머물며 지은 죄는? (25:1~3)

문제❷ 이스라엘의 죄에 진노한 하나님께서 모세에게 명한 것은? (25:4)

문제❸ 이스라엘에 임했던 염병이 어떻게 멈추었습니까? (25:6~8)

문제❹ 바알브올의 죄로 얼마나 많은 사람이 죽었습니까? (25:9)

문제❺ 하나님께서 비느하스에게 약속하신 것은? (25:12~13)

오늘의 묵상

사단은 지금도 온갖 방법으로 하나님의 자녀를 유혹하며 우상숭배에 빠지게 하고 죄를 짓게 합니다. 그러므로 그리스도인들은 말씀과 기도로 깨어서 세상의 유혹을 뿌리치고 하나님만 섬겨야 합니다. 당신 삶에 가장 소중한 것이 하나님이십니까? 나 자신의 마음 깊은 곳을 살펴보십시오.

오늘의 적용

하나님을 섬기는 데 걸림돌로 작용하고 있는 것은? 그리고 필요한 결단은?

오늘의 기도

전통과 문화라는 이름의 우상숭배를 경계하고 거절하겠습니다.

민 · 수 · 기

26장

본문 소개

출애굽 2세대 이야기가 시작됩니다. 출애굽 1세대 이야기는 25장에서 끝났습니다. 2세대는 가나안 입성을 앞두고 있으며 1세대보다 신실했습니다. 2세대는 가나안 정복과 분배를 위해 새로운 인구 조사가 필요했습니다(26장). 두 번째 인구 조사가 광야 생활 40년을 정리하면서 시행되었습니다.

1. 인구 조사 지시(26:1-4)

바알브올 사건 후 하나님은 모세와 엘르아살 제사장에게 인구 조사를 지시했습니다. 전쟁에 나갈 수 있는 20세 이상 남자들을 각 지파와 집안 별로 조사해야 합니다. 1차 조사는 시내 산에서 진행됐는데 2차 조사는 모압 평지에서 실시되었습니다.

2. 인구 조사 결과(26:5-51)

601,730명. 지파별 인구 숫자와 변화 중 특징적인 것들이 있습니다.

❶ 유다 지파는 1, 2차 조사에서 모두 1위였으며 지난 40년 동안 약 2,000명이 증가했습니다.

❷ 인구가 가장 많이 줄어든 지파는 시므온으로 3만 7천 명 이상 줄어 가장 작은 지파가 되었습니다. 시므온 지파는 유다 지파로 흡수되

었습니다.

❸ 므낫세 지파는 인구가 두 배로 증가했습니다.

❹ 전체 인구는 0.3% 감소했습니다(1,820명).

3. 가족 숫자와 땅 분배(26:52-56)

하나님이 모세에게 각 지파와 집안 별로 땅 분배하는 제도를 설명하셨습니다. 사람이 많은 지파와 가문엔 큰 땅을 주고, 숫자가 적은 지파와 가문은 작은 땅을 주었습니다(52~53절). 동시에 제비뽑기를 통해 어느 지파와 어느 가문이 어느 땅을 차지할 것을 정하라고 하셨습니다(56절). 두 가지 분배 방법을 적용했습니다. 먼저 제비를 뽑아 지파별 분배할 땅을 정하고, 땅을 여러 조각으로 나눈 후 지파에 속한 가문의 숫자를 고려하여 큰 땅과 작은 땅을 나눠주는 합리적인 분배 제도와 방법이었습니다.

4. 레위 지파(26:57-62)

태어난 지 한 달 이상 된 레위 지파 남자는 2만 3,000명입니다. 약 1천 명이 증가했습니다.

5. 여호수아와 갈렙(26:63-65)

이번 인구 조사에는 1차 인구 조사에 포함된 사람은 하나도 없습니다. 갈렙과 여호수아만 두 번째 인구 조사에 포함되었습니다. 세대 교체는 "죄에 대해 죽고, 하나님께 대해 산 자"가 되는 성화의 과정입니다.

성경 공부

문제❶ 전쟁에서 싸울 수 있는 사람은 몇 세 이상입니까? (26:1~2)

문제❷ 인구 조사가 이루어진 곳은 어디입니까? (26:3)

문제❸ 전쟁에서 싸울 수 있는 자는 몇 명이었습니까? (26:51)

문제❹ 가나안 정복 후 땅 분배는 어떻게 이루어졌습니까? (26:53~56)

문제❺ 40년 전 시내 광야에서 계수 한 백성들은 어떻게 되었습니까? (26:64~65)

오늘의 묵상

인구 조사 이후 하나님은 땅을 나눌 때 계수된 지파의 규모대로 나누도록 하셔서 땅 나눔의 기준을 제시하십니다. 기준은 원칙이 되고 질서가 생깁니다. 하나님은 정확한 기준과 함께 공평하게 땅을 분배하십니다.

오늘의 적용

나는 그리스도인으로서 맡은 일을 할 때 바르고 공평하게 처리합니까?

오늘의 기도

하나님 말씀이 제 삶에 기준이 되고 말씀의 가르침을 따라 공평한 사람이 되겠습니다.

민 · 수 · 기

27장

본문 소개

두 번째 인구 조사가 끝나고 가나안 입성 준비가 빠르게 진행됩니다. 27장에서 아들이 없어 딸만 남기고 죽은 슬로브핫 유산 문제가 제기되고, 모세의 지도력이 여호수아에게 위임됩니다. 모세가 살아있는 한 이스라엘은 가나안 땅에 들어갈 수 없습니다. 여호수아가 가나안 지도자로 세움을 받는 것은 광야 세대가 끝나고 새로운 시대가 시작되고 있음을 보여주었습니다.

1. 슬로브핫의 딸들(27:1-11)

약속의 땅은 하나님의 소유이므로 하나님의 결정에 따라 각 지파와 가문이 분배받았습니다. 율법에서는 기업의 땅이 대물림될 때 남자들만 상속받을 수 있습니다. 므낫세 지파에 속한 슬로브핫은 아들 없이 딸만 다섯을 남기고 죽었기에 땅에 대한 상속권이 없습니다. 다섯 딸이 모세에게 상속권 상소를 했습니다.

모세는 하나님께 물었습니다(5절). 하나님은 슬로브핫의 딸들이 제시한 제안을 따라 아버지의 몫으로 땅을 기업으로 주라고 명령하셨습니다(7절). 그리고 아들 없이 사망할 때 땅의 상속권에 대한 우선순위를 정해주셨습니다(8-11절). 하나님은 새로운 상황마다 모든 사람에게 공평한 제도를 만들어주셨습니다. 하나님의 판결로 여성의 지위와 권리에 대한 진보를 이루었습니다.

2. 모세와 여호수아(27:12-23)

모세는 느보산에서 가나안 땅을 바라보았습니다. 모세는 죽기 전에 율법에 대해 가르치고(28~36장), 마지막 고별 설교(신 1-33장)를 남겼습니다.

모세는 자기를 대신할 지도자를 위해 기도했습니다(16절). 모세는 지도자와 목자의 역할을 할 사람을 기도했습니다. 전쟁에 앞장서는 지휘자로, 양들을 돌보는 목자가 될 사람을 구했습니다. 하나님은 여호수아를 지명하셨습니다(18절).

여호수아는 '영이 함께하는 사람'이었습니다. 실력과 용기를 가진 사람이었습니다. 모세는 여호수아를 온 백성 앞에서 안수하여 후계자로 임명했습니다(22~23절). 여호수아는 지난 40년 동안 모세의 시종으로 모세 곁에서 리더십 훈련을 받았습니다.

모세는 자신의 권위를 여호수아에게 물려주어 백성들이 그에게 순종하게 해야 합니다(20절). 모세의 뒤를 이어 지도자가 되지만 모세와 같은 특별한 지위를 누리지는 못했습니다.

성경 공부

문제❶ 상속권에 대해 탄원한 여인들은? (27:1~4)

문제❷ 하나님이 모세를 대신하여 세우신 사람은? (27:15~18)

문제❸ 여호수아를 어떻게 대할 것을 백성들에게 명령하십니까? (27:20)

문제❹ 모세가 가나안에 들어가지 못한 이유는? (27:14)

문제❺ 모세에게 어느 산에 올라 주신 땅을 바라보게 하십니까? (27:12)

오늘의 묵상

슬로브핫의 딸들의 요청에 응답하신 하나님은 약자를 잊지 않으시고 공평하게 도우십니다. 당시 사회의 약자였던 여성의 권리를 세워주셨습니다.
모세의 뒤를 이어 여호수아를 후계자로 세우십니다. 여호수아는 오랜 시간 모세를 섬기며 충성스럽게 훈련을 받았습니다. 여호수아는 '영이 함께하는 사람'이었습니다.

오늘의 적용

약한 사람에게 공평합니까? 함부로 무시하지는 않습니까?

오늘의 기도

성령님이 함께 하심을 감사합니다. 성령님께 제 권리를 위임하겠습니다.

민 · 수 · 기

28장

본문 소개

다음 세대 리더 여호수아를 임명하신 후에 28~29장에서 이스라엘이 가나안 땅에 들어가 지켜야 할 절기를 가르치셨습니다. 가나안 땅에 정착한 후 거룩한 절기로 그 땅의 주인이신 하나님을 예배하고 섬겨야 합니다. 이스라엘은 절기를 지킴으로 시내 산에서 맺은 하나님의 성막을 영화롭게 해야 합니다. 절기를 지키는 것은 하나님 은혜를 기념하는 행위였습니다.

1. 매일 번제(28:1-8)

하나님께 드리는 제물은 하나님의 음식이며 하나님을 기쁘시게 하는 향기입니다. 짐승과 함께 드리는 곡물과 기름, 포도주 양은 15:1-16에 제시되었습니다.

제사장들은 이스라엘을 대신하여 매일 흠 없는 일 년 된 숫양 두 마리를 아침과 저녁에 바쳤습니다.

2. 안식일 제물(28:9-10)

안식일에도 흠 없는 어린 숫양 두 마리를 바쳐야 합니다. 매일 드리는 제물과 같은 양의 곡물, 기름, 포도주를 함께 드렸습니다. 안식일에는 평소에 드리는 제물에 안식일 제물을 더하여 총 4마리를 드렸습니다.

3. 초하루 제물(28:11-15)

매달 초하루는 새로운 시작을 알리는 특별한 날입니다. 매달 초하루가 되면 일 년 된 숫양 7마리, 성숙한 양 1마리, 일 년 된 수송아지 2마리에 속죄 제물로 숫염소 1마리 모두 11마리를 드렸습니다. 여기에 매일 드리는 일 년 된 숫양 2마리를 더하면 총 13마리가 됩니다.

4. 유월절과 무교절(28:16-25)

유대 종교 달력 첫째 달 14일에 유월절을 지켰습니다. 15일부터 7일 동안 무교절을 지켰습니다. 무교절 7일 동안 매일 흠 없는 어린 숫양 7마리, 성숙한 양 1마리, 수송아지 2마리, 염소 1마리를 드려야 합니다. 매일 드리는 숫양 2마리도 더해서 드렸습니다.

5. 오순절(칠칠절)(28:26-31)

무교절에 보리 추수 후 첫 열매를 드렸고 오순절엔 밀 추수를 하고 햇곡식을 바쳤습니다. 오순절은 하나님이 백성의 필요를 채우시고 생명 주심을 감사하는 절기입니다. 햇곡식으로 만든 빵 두 개와 일 년 된 숫양 7마리, 성숙한 양 1마리, 수송아지 2마리, 숫염소 1마리를 속죄 제물로 드렸습니다. 하나님께서는 이 많은 제물을 하나님께 바칠 수 있도록 이스라엘 백성에게 복 주시고 풍요롭게 하셨습니다.

성경 공부

문제❶ 매일 드릴 제사인 상번제에 바칠 제물은? (28:3)

문제❷ 상번제 어린 숫양 두 마리를 각각 언제 드렸습니까? (28:4)

문제❸ 첫째 달 열 넷째 날, 여호와를 위하여 지키는 절기는? (28:16)

문제❹ 무교절에 먹는 대표적인 음식은? (28:17)

문제❺ 안식일, 유월절, 칠칠절 등 절기 때에 금기 사항은? (28:18, 25, 26)

오늘의 묵상

이스라엘 백성들은 단 하루도 거르지 않고 하나님께 제사를 드렸습니다. 이는 하나님께서 명령하신 것이기도 하지만, 절기는 하나님의 은혜를 기념하는 행위이기도 합니다. 절기를 지키며 많은 제물을 드렸지만 이렇게 드릴 수 있도록 하나님이 이스라엘에 복을 주셨습니다.

오늘의 적용

예배를 드릴 때 어떤 태도로 드립니까? 하나님의 은혜를 찬송합니까?

오늘의 기도

하나님 은혜를 늘 기억하고 찬송하며 살겠습니다.

민 · 수 · 기

29장

본문 소개

율법에 기록된 절기와 제사의 제물을 계산해 보면 최소한 수소 113마리, 숫양 32마리, 새끼 양 1,086마리, 1톤 이상의 밀가루, 1천 병 이상의 올리브유와 포도주를 드렸습니다. 매년 이 정도 규모의 제물을 드리려면 이스라엘은 풍요로워야만 합니다. 절기와 제물 제도는 이미 복을 받았음을 암시하고 있습니다.

1. 나팔절(29:1-6)

이스라엘 종교 달력에서 가장 중요한 달은 7월입니다. 중요한 절기 3개가 7월(티스리)에 있습니다.

7월 1일은 나팔절입니다. 나팔을 불어 중요한 달의 시작을 알렸습니다. 7월 10일 속죄일과 7월 15일부터 1주일 동안 초막절이 오고 있음을 백성에게 알리고 마음을 준비시켰습니다.

2. 속죄일(29:7-11)

7월 10일은 대 속죄일입니다(레 16장). 대 속죄일에 죄와 부정으로 오염된 성막을 정결케 하고, 이스라엘 죄를 사하셨습니다. 죄 사함을 받는 이스라엘 백성들은 금식해야 합니다. 각 사람은 자신의 죄를 생각하며 하나님의 용서에 대해 깊이 묵상했습니다. 속죄일에 일 년 된 흠 없는 어린 숫양 7마리, 성숙한 숫양 1마리, 일 년 된 수송아지 1마리, 숫염소 1마리를 곡물과 기름, 포도주와 함께 제물로 드렸습니다.

3. 초막절(29:12-40)

7월 15일~21일에 지켰으며 장막절이라고 부르기도 합니다. 이 절기가 진행되는 일주일 동안 사람들은 자신이 지은 초막 안에서 지냈습니다.

무교절도 일주일 동안 지키고 매일 동일한 제물을 드렸습니다. 초막절은 매일 드리는 제물의 숫자가 달라 자세하게 기록했습니다. 이 기간에 수송아지 70마리를 바쳤습니다.

초막절이라는 이름은 초막 '수콧'에서 왔는데 수콧은 출애굽 한 이스라엘이 처음 머문 곳의 이름입니다(출 12:37). 초막절의 가장 큰 의미는 출애굽 역사를 통해 베풀어 주신 하나님의 은혜와 이스라엘 백성의 광야 생활을 기념하는 것입니다(레 23:34). 과거에 주신 하나님의 은혜를 기념하는 것은 미래에도 동일한 은혜를 주실 것을 확신하는 목적이 있습니다.

또한 한 해의 추수를 마치고 하나님이 주신 풍요로움을 감사하고 다음 해 농사를 위해 비를 내려주시기를 기원했습니다. 이스라엘이 지킨 모든 절기는 추수에 대한 감사의 축제였습니다.

성경 공부

문제❶ 일곱째 달 초하루 날 성회로 모여 불었던 것은? (29:1)

문제❷ 일곱째 달 열흘날에 지키는 절기로 지킨 제사는? (29:7~11)

문제❸ 속죄일 날 이스라엘 백성들이 해야 할 것은? (29:7)

문제❹ 일곱째 달 열 다섯째 날 이스라엘 백성들이 지키는 절기는? (29:12)

문제❺ 장막절 마지막 날은 어떻게 모이라고 하셨습니까? (29:35)

오늘의 묵상

이스라엘 백성들에게 절기는, 하나님의 은혜를 기억하고 미래에도 하나님께서 복을 이어가실 것을 확신하는 믿음의 행위였습니다. 그래서 절기를 잊지 않았고 많은 제물을 드려 하나님을 경배했습니다.

절기와 제물은 하나님의 보호와 복을 약속하는 것이기도 합니다.

오늘의 적용

하나님의 은혜를 기억하며 감사하는 행위로 무엇을 할 수 있을까요?

오늘의 기도

하나님 은혜에 감사하며 제 삶을 드려 경배하는 예배자가 되겠습니다.

민 · 수 · 기

30장

본문 소개

민수기 27장과 36장은 슬로브핫의 딸들이 아버지를 대신하여 유산을 상속받는 권한을 인정하고 유산을 분배받는 이야기를 쓰고 있습니다. 오늘 본문은 서원에 관련된 여자의 권한과 책임에 대해 논의하고 있습니다.

1. 남자의 서원(30:1-2)

남자가 하나님께 한 서원 혹은 맹세는 깨뜨릴 수 없습니다. 서원은 "만일 하나님이 이렇게 해주시면 저도 이렇게 하겠습니다"라는 형태로 구성되고 위기의 때에 하나님의 도움을 구하는 믿음의 특급 방법입니다.

맹세는 법정이나 사람들 앞에서 무엇을 하겠다고 선언하거나 자신의 결백을 주장하며 선언하는 행동입니다. 맹세도 서원처럼 재물이나 사람을 두고 약속할 수 있습니다. 맹세도 서원도 하나님의 이름을 언급하며 행한 약속과 선언이기에 반드시 지켜야 합니다. 그러나 서원이 율법을 어기는 행위라면 저절로 무효가 됩니다. 서원은 율법 안에서 행해져야 합니다.

2. 부모와 함께 사는 소녀의 서원(30:3-5)

결혼 전 여자가 하나님께 행한 서원과 맹세는 아버지가 허락했다면 남자들처럼 지켜야 합니다. 그러나 아버지가 허락하지 않는다면 서원과 맹세는 무효가 됩니다. 아버지가 권위의 대행자입니다.

3. 여자가 결혼 전에 한 서원(30:6-8)

서원한 일이 있는 여자가 결혼하게 될 때 일어나는 문제를 다루고 있습니다. 남편 된 사람이 문제 삼지 않으면 서원은 지켜야 하지만 남편이 듣고 말린다면 서원은 무효가 됩니다.

4. 과부와 이혼한 여자의 서원(30:9)

과부와 이혼한 여자의 서원은 남자의 서원처럼 유효합니다. 혼자 사는 여자의 독립성을 인정하는 규례입니다. 아버지나 남편의 권한 아래 속하지 않기 때문에 스스로 결정하고 스스로 책임져야 합니다.

5. 결혼한 여자의 서원(30:10-16)

결혼한 여자가 서원을 했을 때 남편이 허락하면 서원이 유효하지만, 남편이 서원을 듣는 날로 서원을 파기해 버리면 서원이 무효가 됩니다. 파기한 후 하루가 지나서 문제를 제기하면 소용이 없습니다. 남편은 아내의 서원을 성립시키거나 파기할 수 있습니다. 여자는 결혼 전엔 아버지, 결혼 후엔 남편의 권한 아래 있기 때문입니다.

성경 공부

문제❶ 하나님께 한 서원을 내 의지에 따라 깨뜨릴 수 있습니까? (30:2)

문제❷ 결혼하지 않은 딸의 서원 결정은 누구에게 있습니까? (30:3~5)

문제❸ 과부나 이혼한 여자의 서원은 어떻게 해야 합니까? (30:9)

문제❹ 남편이 아내의 서원을 듣고 나서 시간이 흐른 뒤 그것을 무효하면 그 죄는 누가 담당하게 됩니까? (30:15)

문제❺ 민수기에서 서원에 대한 규례가 나오는 것은 몇 장입니까?

오늘의 묵상

서원은 위기의 때에 하나님의 도우심을 구하는 방법이기도 합니다. 하나님은 서원에 관한 권한 책임 등을 규정해 주십니다. 남자와 여자의 서원에 대한 차이, 특히 여자의 경우 여러 가지 예가 제시됩니다.
서원도 바르게 해야 하는 이유는, 율법을 어기는 서원은 저절로 무효가 되기 때문입니다. 서원은 신중해야 하기도 합니다. "그 마음에 서원한 것은 해로울지라도 변치 말라"(시 15:4)라는 말씀도 있기 때문입니다.

오늘의 적용

잊고 있는 서원이 있습니까? 실천 계획을 다시 세우십시오.

오늘의 기도

약속을 이루시는 신실하신 하나님께, 저도 하나님께 약속한 것을 지키도록 하겠습니다.

민 · 수 · 기

31장

본문 소개

가나안 땅 정복을 앞두고 인구 조사 실시, 가나안 땅 분배에 대한 설명, 모세의 뒤를 이을 여호수아 임명, 여호와의 절기와 서원에 대해 다시 자세한 규례와 가르침을 받았습니다.
가나안 정복 세대는 이제 가나안을 향해 전진하며 전쟁을 치르게 됩니다. 31장에는 미디안과의 전쟁을 기록하고 있습니다.

1. 준비(31:1-6)

하나님은 이스라엘 자손의 원수를 갚으라고 명령하셨습니다. 이 전쟁은 모세의 마지막 전쟁입니다. 이 전쟁은 브올에서 있었던 사건 때문입니다(25:17-18). 모압 여인들이 이스라엘 남자들을 유혹하여 음행과 우상숭배의 죄에 빠지게 했던 사건으로 그날 2만 4,000명이 죽었습니다(25장). 광야 여정 중 가장 큰 재앙이었습니다. 하나님은 이제 미디안 사람에게 그 책임을 묻는 전쟁을 명령하셨습니다.

2. 전쟁(31:7-12)

이스라엘 군대는 큰 승리를 거뒀습니다. 다섯 미디안 왕들과 함께 발람도 죽였습니다. 이스라엘 군대의 숫자는 1만 2천 명이었지만, 미디안 대군과의 전쟁에서 크게 승리한 것은 하나님이 함께하셨기 때문입니다. 이스라엘을 괴롭혔던 미디안은 하나님의 보복을 받았습니다.

3. 결과(31:13-54)

미디안과의 전쟁에서 큰 승리를 거둔 이스라엘은 전쟁 전리품을 분배했습니다.

❶ 전리품(31:13-18). 이스라엘 군대가 개인적으로 약탈한 것 외에도 양 67만 5,000마리, 소 7만 2,000마리, 나귀 6만 1천 마리, 처녀 3만 2,000명을 끌고 왔습니다.

❷ 전쟁 군인들 정결 규례(31:19-24). 전쟁에서 돌아온 이스라엘 군대는 1주일 동안 이스라엘 진 밖에서 머물며 정결 예식을 치렀습니다. 사람과 물건 전리품도 같은 예식을 거쳤습니다.

❸ 전리품 분배(31:25-47). 전리품을 반으로 나누어 절반은 전쟁 군인들에게 절반은 백성들에게 나누었습니다. 군인들이 받은 전리품에서 1/500을 대제사장 엘르아살과 제사장에게 주었고(28~29절), 백성의 몫에서 1/50을 레위 사람에게 주었습니다.

❹ 장교들의 헌물(31:48-54). 이스라엘 군대는 한 명의 군인도 잃지 않은 완전한 승리였습니다. 장교들이 가져온 예물은 금 1만 6,750세겔(약 184kg)로 엄청난 양이었습니다.

성경 공부

문제❶ 미디안과 전쟁을 위해 각 지파에서 몇 명씩 차출합니까? (31:4)

문제❷ 이스라엘 군인은 몇 명이며, 인솔자는 누구입니까? (31:5~6)

문제❸ 이스라엘 군대는 미디안의 몇 명의 왕을 죽였습니까? (31:8)

문제❹ 전쟁에서 돌아온 군대 지휘관들에게 모세와 엘르아살이 화를 낸 이유는? (31:15~18)

문제❺ 진 안으로 들어오기 전 며칠간 해야 할 것은? (31:19~24)

오늘의 묵상

가나안 정복 세대는 약속의 땅을 향해 전진하며 전쟁도 함께 하게 됩니다. 미디안과의 전쟁은 바알브올에서 있었던 사건에 대해 책임을 묻는 전쟁입니다. 이스라엘 남자를 음행과 우상에 빠지게 하여 24,000명이 죽었던 사건입니다.
이스라엘은 승리를 거두고 많은 전리품을 차지했습니다. 거룩한 백성을 음행에 빠지게 한 무리를 하나님이 심판하신 것입니다.

오늘의 적용

내게 미디안의 유혹은 무엇입니까? 어떻게 대응하고 처리하겠습니까?

오늘의 기도

죄는 경계하고 거절하고, 또 싸워 이기도록 말씀으로 무장하겠습니다.

민 · 수 · 기

32장

본문 소개

가나안 정복 입성을 앞두고 요단강 동쪽에 정착하게 해 달라고 요청해 왔습니다. 모세는 이들의 요구를 하나님께 대한 반역 행위로 규정하고, 이스라엘 공동체에 하나님의 심판이 임할 것이라고 경고했습니다. 르우벤, 갓, 므낫세 지파 절반은 모세에게 협상안을 제시하고 동편 땅을 허락 받았습니다.

1. 동쪽 지파들의 요청(32:1-5)

하나님이 약속하신 땅에 요단 동편 땅은 포함되지 않았습니다. 모세가 정복한 미디안 땅을 어떻게 처리할 것인가로 인해 문제가 일어났습니다.

사건의 발단은 많이 증가한 르우벤, 갓 지파의 가축 떼와 재산 때문이었습니다. 그들은 요단 동편 땅을 자신들과 가축들에게 최적의 땅으로 판단하고 그곳에 머물길 원했습니다.

2. 모세와 지파들의 협상(32:6-32)

지파들의 제안을 모세는 거절했습니다. 다른 지파들의 사기를 꺾을 수 있고, 이스라엘 연합이 깨질 수도 있었기 때문입니다.

❶ 모세의 반응(32:6-15). 모세는 과거 정탐꾼 사건과 비교하며 하나님께 대한 반역 행위라고 규정하고 분노했습니다.

❷ 지파들의 타협(32:16-19). 모세가 거부하자 타협안을 내놓았습니다. 첫째. 가족만 남기고 가족이 안전하도록 성을 쌓은 후 전쟁에 참여하겠다. 둘째. 자신들이 가나안 정복군의 선발대가 되어 끝까지 싸우겠다. 중간에 돌아오는 일은 없다. 셋째. 요단강 서쪽 땅을 유산으로 요구하지 않겠다.

❸ 모세의 허락(32:20-24). 모세는 그들의 타협안을 수용하고 여호와 앞에 무장하고 싸울 것을 하나님 앞에서 약속하고 허락했습니다. "여호와 앞에서…." 표현이 7차례 사용됩니다.

❹ 지파들의 동의(32:25-32). 모세와 르우벤, 갓, 므낫세 절반 지파와 계약이 성립되었습니다. 계약 내용을 대제사장 엘르아살과 여호수아, 이스라엘 지도자에게 알렸습니다.

3. 요단 동쪽 지파들의 기업(32:33-42)

모세는 협의안에 따라 르우벤, 갓, 므낫세 절반 지파에게 아모리의 시혼 왕국과 바산의 옥 왕국을 주었습니다(33절). 모세는 각 지파에게 성읍들을 나누어 분배했습니다. 이스라엘에게 새로운 역사를 시작하는 계기가 되었으며 새로운 축복이 시작되었습니다.

성경 공부

문제❶ 요단강 동쪽 땅을 요구한 두 지파는? (32:1~5)

문제❷ 르우벤과 갓 지파가 요단 동쪽 땅에 머물려는 이유는? (32:1~4)

문제❸ 모세가 르우벤과 갓 지파를 책망한 이유는? (32:15)

문제❹ 모세가 르우벤과 갓 지파의 요구를 들어준 조건은? (32:16~32)

문제❺ 르우벤과 갓 지파가 약속을 이행하지 않으면 어떻게 됩니까? (32:23)

오늘의 묵상

르우벤 지파와 갓 지파는(이후 므낫세 반 지파까지) 매우 많은 가축 때문에 급히 머물 땅이 필요했습니다. 이는 돌발상황이었고 공동체의 사기를 꺾고 분열을 일으킬 수 있는 일이었습니다. 그러나 하나님 앞에서 헌신의 약속과 다른 지파들의 이해와 동의로 계약이 잘 성립됩니다.
하나님은 이 일을 통해서도 새로운 복이 되게 하십니다.

오늘의 적용

교회 생활에서 연합, 희생, 배려, 이해, 동의 등의 중요성을 써 봅시다.

오늘의 기도

늘 협력하여 하나님의 선한 계획을 이루도록 하겠습니다.

민 · 수 · 기

33장

본문 소개

모세는 죽음을 앞두고 출애굽에서 현재까지 광야 여정을 회고했습니다. 약속의 땅을 앞두고 과거를 돌아보며 이스라엘 백성을 돌보시고 보호하시고 인도하신 하나님의 은혜에 감사했습니다. 33장에서 모세는 애굽의 라암셋에서 현재 머무는 모압 평지까지 지역과 도시 이름 42개를 기록하고 있습니다. 42개 이름 중 16개는 다른 곳에서 나오지 않는 이름들입니다.

1. 출애굽 출발(33:1-4)

이스라엘은 첫째 달 15일, 유월절 다음 날 라암셋에서 출발했습니다. 하나님의 권능과 애굽 땅에 내린 심판의 결과로 자유와 해방을 얻었습니다.

2. 라암셋에서 시내 광야까지(33:5-15)

라암셋에서 출발하여 홍해를 지난 곳은 비하히롯을 떠난 후입니다(8절). 엘림에는 종려나무 12개의 우물과 70그루가 있었습니다(9절).

3. 시내 광야에서 가데스까지(33:16-36)

시내 광야는 애굽에서 3일 길이며, 가데스까지는 11일이 걸립니다(신 1:2).

4. 가데스에서 모압 평지까지(33:37-49)

이스라엘은 가데스에서 38년을 머물렀거나(신 2:14) 가데스에서 길을 떠났다가 오랜 후 다시 돌아왔을 수도 있습니다.

가데스를 떠나 도착한 곳이 호르산이었는데 그곳에서 아론이 죽었습니다. 아론의 죽음에 대해 출애굽 40년이 되던 해 다섯째 달 첫날에 죽었다고 기록하고 있습니다(38절). 아론이 123세였으며 모세보다 세 살 위였습니다.

애굽을 떠난 지 40년 만에 이스라엘은 요단강 강가에 있는 벳여시못에 이르렀습니다(49절). 이곳은 요단강에서 약 8km 떨어진 곳으로 가로 3.6km, 세로 3.6km의 평지가 있습니다.

5. 가나안 정복 전략(33:50-56)

가나안 정복할 때 가나안 주민들을 완전히 쫓아내고, 그들이 만든 우상들을 부수며 깨고 신전을 헐어야 합니다. 가나안 사람들을 살려주는 것은 하나님을 거역하는 행위로 하나님의 심판을 피할 수 없습니다(55~56절). 가나안 땅 분배는 이미 26:52-56에 말씀하신 대로 제비를 뽑아 지파별로 땅을 정하고, 그 땅을 여러 조각으로 나눈 후에 가족 숫자를 고려하여 큰 가족에게 큰 땅을 주고, 작은 집엔 작은 땅을 주라고 하셨습니다. 이제 준비가 끝났습니다.

성경 공부

문제❶ 첫째 달 열 다섯째 날인 유월절 다음날에 나온 장소는? (33:3)

문제❷ 아론은 언제 어디에서 죽습니까? (33:38)

문제❸ 가나안에 들어가면 그곳 사람들이 섬기던 우상들을 어떻게 해야 합니까? (33:52~53)

문제❹ 하나님은 가나안 땅을 어떻게 나누라고 하십니까? (33:54)

문제❺ 가나안 주민을 다 내보내지 않으면 어떻게 된다고 하십니까? (33:55)

오늘의 묵상

모세는 하나님이 인도하신 경로와 노정을 기록하며 회고합니다. 백성의 숫자를 고려해서 넉넉하게 잡아도 한 달이면 도달할 수 있는 길을 40년이란 긴 시간을 통해서 이동했음을 보여줍니다. 이스라엘 백성들의 불순종, 불신앙 때문이지만, 그 계기로 이스라엘을 연단하고 훈련 시키셨습니다. 하나님은 긴 광야 생활에서 한 순간도 그 백성들을 방치하지 않으셨습니다.

오늘의 적용

나의 신앙생활을 뒤돌아보며 그 과정의 하나님 섭리를 써 봅시다.

오늘의 기도

지나온 은혜 잊지 않겠습니다. 미래는 주님 영광을 위해 살겠습니다.

민 · 수 · 기

34장

본문 소개

모세는 가나안 땅을 정복한 후에 반드시 해야 할 중요한 과업에 대해 거듭 강조한 후에 이스라엘에 주신 약속의 땅에 대한 경계를 정해주었습니다. 경계선에 따라 하나님의 뜻을 좇아 가나안 땅을 각 지파에게 공평하게 분배해야 합니다.

1. 약속의 땅 경계선(34:1-15)

하나님께서 이스라엘이 차지하게 될 가나안 땅의 범위를 경계선으로 그어주셨습니다. 먼저 남쪽 경계선(1~5절), 서쪽 경계선(6절), 북쪽 경계선(7~9절)을 그려주신 후 동쪽 경계선(10~12절)을 정해주셨습니다.

❶ 남쪽 경계선: 남쪽 경계선 시작은 에돔 경계선과 맞닿은 신 광야입니다. 동쪽 끝은 사해가 되고 사해로부터 서쪽으로 지중해에 도달하게 됩니다.

❷ 서쪽 경계선: 서쪽 경계선은 지중해와 해안선입니다.

❸ 북쪽 경계선: 북쪽 경계선의 서쪽 시작은 지중해이며 지중해에서 호르산(아론이 죽은 산과 다른 산), 하맛 어귀 등을 거쳐 동쪽 한계인 하살에난에 이르는 지역입니다.

❹ 동쪽 경계선: 북쪽 끝인 하살에난에서 시작하여 요단강을 타고 남쪽으로 내려가 사해에 이르고 사해가 동쪽 한계선의 남쪽 끝이

됩니다. 알려진 지역은 갈릴리 호수와 요단강입니다.

2. 분배를 위한 지도자 선정(34:16-29)

약속의 땅 분배 방법을 지시하신 후 땅 분배 과정을 진행할 지도자를 지명하셨습니다. 제사장 엘르아살과 여호수아가 세워지고 지파별 대표들이 선정되었습니다. 르우벤과 갓 지파는 빠졌습니다. 그들은 이미 요단강 동편을 기업으로 받았기 때문입니다. 하나님은 명하신 중요한 과업마다 지도자를 세워 일하셨습니다.

성경 공부

문제❶ 이스라엘에 주시는 가나안 땅의 서쪽 경계는? (34:6)

문제❷ 가나안 정복 후 몇 개 지파의 땅 분배를 명하십니까? (34:13)

문제❸ 땅을 기업으로 나눌 때 세운 대표 책임자 두 사람은? (34:16~17)

문제❹ 위 두 사람 외에 지파별로 몇 사람씩 선택하라 하십니까? (34:18)

문제❺ 땅을 분배받지 못한 한 지파는? (34:19~29)

오늘의 **묵상**

하나님은 약속하신 가나안 땅의 공평한 분배 방법을 말씀하십니다. 그리고 이 분배를 총괄할 두 명의 지도자와 함께 각 지파의 대표들이 세워집니다. 하나님은 충성된 사람을 세워 일을 맡기십니다.

오늘의 **적용**

하나님께서 세우시는 사람이 되고 싶습니까? 그러기 위해 나에게 어떤 자세가 필요합니까?

오늘의 **기도**

하나님의 일에 늘 쓰임 받고 싶습니다.

민 · 수 · 기

35장

본문 소개

가나안 땅 분배를 책임질 사람들이 선출되고, 레위인들을 위한 48개 성읍과 그중 6개 성읍을 도피성으로 지정했습니다. 레위 지파는 다른 지파에 대한 설명이 끝난 후 설명했습니다. 레위 지파는 땅의 기업을 받을 수 없습니다. 그러나 그들이 살 성읍과 가축을 키울 땅은 필요했습니다.

1. 레위 사람들이 받을 성읍(35:1-8)

레위 지파는 경작할 농경지는 소유하지 못하지만 거주할 성읍은 받습니다. 총 48개의 성읍을 받게 되고 그중 6개는 도피성입니다. 각 지파들이 기업으로 받은 땅에서 차출되었습니다. 많은 땅을 받은 지파는 많이 내놓고 적은 땅을 받은 지파는 적게 내놓았습니다(8절).

이스라엘 지파들이 레위 사람에게 성읍을 줄 때에 그 성읍 둘레로 1천 규빗(약 450m) 또는 2천 규빗(약 900m) 범위에서 짐승을 먹일 땅도 주었습니다. 두 구절(4, 5절)이 서로 다른 규모의 땅을 말하고 있는 이유에 대해 사람이 안식일에는 1,000규빗 이상 걸을 수 없지만 가축을 먹이기 위해 2,000규빗까지 걸을 수 있다는 해석 때문으로 설명하기도 합니다.

2. 도피성(35:9-34)

도피성은 하나님의 선물입니다. 공동체에서 본의 아니게 실수로 또는 사고로 사람을 죽였을 때 피난처를 제공하여 피의 복수를 막았습니다.

❶ 실수나 사고로 사람을 죽인 자는 도피성에 이르러 성의 장로들에게 상황을 설명하고 재판을 통해 허락받은 후 머물 수 있습니다(수 20:4). 의도적으로 사람을 죽인 경우엔 그 사람을 돌려보내 자신이 흘린 피의 처벌을 받도록 했습니다.

❷ 도주자는 당시 대제사장이 죽을 때까지 머물러야 합니다(25절). 대제사장이 죽은 다음에 고향으로 돌아가 가족들과 함께 살 수 있습니다(28절). 시간이 지나면 피해자 가족들의 원한이 조금씩 누그러드는 것을 기다리며 가해자도 오랫동안 가족과 떨어져 살면서 근신할 시간을 갖도록 하는 제도였습니다.

❸ 도피성은 모두 6개로 요단강 동쪽에 세 개, 서쪽에 세 개를 두었습니다(14절). 도피성 제도는 이스라엘 백성뿐 아니라 거주하는 이방인에게도 적용됩니다(15절). 실수로 사람을 죽게 한 자는 죽은 사람 친척들의 복수로부터 보호를 받을 수 있습니다.

성경 공부

문제❶ 레위인에게 거주지의 땅을 몇 규빗을 받게 하셨습니까? (35:5)

문제❷ 부지중 살인한 자를 보호하기 위한 성읍의 수와 그 이름은? (35:6)

문제❸ 레위 지파에 할당된 성읍은 전체 몇 개입니까? (35:7)

문제❹ 악의를 가지고 살인한 사람은 어떻게 처리합니까? (35:16~21)

문제❺ 부지중 살인으로 도피성에 살던 사람은 언제 고향으로 돌아갔습니까? (35:25, 28)

오늘의 묵상

레위인은 땅을 분배받지 않았습니다. 물론 하나님이 그들의 기업이 되시는 가장 큰 복을 받은 지파입니다. 각 지파에게 레위인이 살 터를 위한 땅을 나누어주도록 명령하셨고, 지파들은 순종했습니다. 그리고 부지 중 살인한 사람을 피의 복수로부터 보호하시기 위해 도피성도 만드셨습니다. 그곳으로 피한 자는 살았습니다.

오늘의 적용

도피성을 만드신 이유를 써 봅시다. 그리고 도피성은 누구를 나타낸다고 생각합니까?

오늘의 기도

모든 열방이 참 도피성(피난처)인 예수님께 나아오게 하옵소서.

민 · 수 · 기

36장

본문 소개

모세는 아들 없이 딸만 두고 죽은 사람의 유산은 딸에게 상속된다는 규례를 선포했습니다(27:1-11). 31장에서 슬로브핫이 속했던 므낫세 지파 사람들이 항소했습니다. 이 항소 판결을 통해 딸이 유산을 받을 때 적용되어야 할 규례들이 다시 제시되었고 그 결과 모든 사람이 만족하게 되었습니다.

1. 슬로브핫 딸 유산 문제(36:1-6)

므낫세 지파 사람들이 다른 문제를 지적했습니다. 땅은 개인 소유이면서 지파의 유산인데, 그들이 다른 지파 남자와 결혼하면 다른 지파의 땅이 되고 이런 경우 희년이 되어도 돌려받을 수 없으므로 율법이 제시한 원칙이 상반된다는 주장이었습니다.

2. 하나님의 지시(36:7-9)

하나님이 모세에게 판결을 주셨습니다. 므낫세 지파의 주장을 인정하셨습니다. 슬로브핫의 딸들이 아버지 지파에 속한 남자와만 결혼해야 합니다. 다른 지파 남자와 결혼하려면 아버지 유산 상속을 포기해야 합니다. 이 규례는 모든 지파 여자에게 적용되는 규례가 되었습니다.

3. 슬로브핫 딸들의 순종(36:10-12)

슬로브핫의 딸들은 하나님의 판결에 복종하여 모두 사촌 오빠들과 결혼했습니다. 그들이 유산으로 받은 땅이 므낫세 지파 안에 기업의 땅으로 남을 수 있었습니다. 슬로브핫의 딸들이 사촌들과 결혼함으로써 아버지의 땅이 아버지 형제들의 유산이 되었습니다. 슬로브핫의 딸들은 지혜로웠고 하나님의 뜻에 대한 통찰력이 있었습니다.

그들로 인해 하나님은 이스라엘에 새로운 규례를 만들어주셨고 이스라엘 중에 여성의 권리가 인정될 수 있었습니다.

4. 결론(36:13)

지금까지 역사를 돌아보며 "이것은 주께서 여리고 건너편 요단강 강가 모압 평지에서 모세를 시켜 이스라엘 자손들에게 말씀하신 명령과 규례"라고 했습니다.

5. 민수기 요약:

출애굽기- 레위기- 민수기는 12개의 여행 기록으로 구성되었습니다. 출애굽기엔 이스라엘이 시내 산에 도착했던 일이 기록되었고(출 19:2), 민수기는 이스라엘이 약 1년 동안 시내 산에 머문 후 떠나면서 광야 38년 역사를 기록했습니다(민 10:11). 이 사이에 끼어있는 레위기는 1년 동안 모세를 통해 주신 율법과 사건들을 기록했습니다. 민수기는 출애굽기의 속편입니다. 이제 가나안으로 갈 준비가 끝났습니다.

성경 공부

문제❶ 므낫세 지파가 가지고 온 유산과 상관 된 문제는? (36:3, 4)

문제❷ '희년'에 대해 설명해 보십시오. (36:4, 참고 : 레 25:8~13)

문제❸ 아들이 없는 딸들의 유산에 대한 해결책은? (36:6)

문제❹ 슬로브핫의 딸들은 하나님의 명령에 어떻게 했습니까? (36:10)

문제❺ 민수기의 마지막 명령인 이 주제를 말씀하신 장소는? (36:13)

오늘의 묵상

아들이 없는 가문에는 딸들이 땅을 상속받을 수 있도록 여성들의 권리를 세워주셨습니다. 이에 대해 땅을 상속받은 여성이 타 지파 남성과 결혼했을 때 땅 소유권에 대한 것을 질문했고, 이런 경우 같은 지파의 남자에게 결혼하도록 판결을 해주십니다. 이에 슬로브핫의 딸들이 순종하여 모든 지파 여인에게 적용되는 규례가 됩니다.

오늘의 적용

그리스도인이 하나님이 세우신 법에 순종해야 하는 이유는 무엇입니까?

오늘의 기도

하나님의 뜻에 더 순종하고 따르겠습니다.

레위기 모범답안지

1장

1. 임재하신 하나님을 만나고 예배드리는 곳
2. 번제
3. 자신의 죄를 전가하여 속죄받기 위해서
4. 소, 양, 염소, 산비둘기, 집비둘기 / 흠 없는 것
5. 여호와께 향기로운 냄새

2장

1. 소제
2. 고운 가루
3. 아론과 그의 자손들
4. 부패와 쾌락의 상징이기 때문에
5. 성결, 변하지 않는 것, 맛을 내는 것

3장

1. 화목제
2. 흠 없는 것
3. 기름과 피를 먹지 말라
4. 죄를 전가한다는 의미

4장

1. 속죄제
2. 하나님 말씀을 하나라도 어기면
3. 수송아지, 수송아지, 숫염소, 암염소
4. 죄의 형벌에서 예외가 없으므로
5. 예수님의 십자가 구속 사역

5장

1. 속건제
2. 저주하는 소리를 들었을 때, 부정한 것을 만졌을 때
3. 잘못을 보상하고 1/5을 더 보태어 보상한다.
4. 알지 못하는 중에

5. 여호와 앞에

6장

1. 하나님과 사람
2. 돌려주고 1/5을 더 갚는다.
3. 제단의 불
4. 평생 제단에서 하나님만 섬기는 사명을 받았기에

7장

1. 화제
2. 요제
3. 감사, 서원, 자원
4. 가증한 것
5. 백성 중에서 끊어짐

8장

1. 아론과 그의 아들들
2. 정결 의식
3. 죄 사함의 의식
4. 속죄를 위해
5. 7일

9장

1. 속죄제
2. 여호와의 명령대로
3. 불로써 기쁘게 받으심
4. 소제, 속죄제

10장

1. 여호와께서 명령하시지 않은 다른 불로 분향하다가
2. 여호와를 가까이하는 자
3. 포도주와 독주 / 거룩하고 속된 것과, 부정하고 정한 것을 분별하도록
4. 누룩을 넣지 말고, 제단 곁 거룩한 곳에서 먹어야 한다.

11장

1. 부정
2. 굽이 갈라져 쪽발이 되고 새김질하는 것, 지느러미와 비늘이 있는 것
3. 먹지도 말고 만지지도 말아야(가증하게 여김)
4. 저녁까지 부정해진다 / 옷을 빨아야 한다.
5. 거룩한 삶을 살도록

12장

1. 7일
2. 포피를 벤다.
3. 두 이레(14일) + 66일 = 80일
4. 번제와 속죄제를 드린다.
5. 번제물 : 일 년 된 어린 양 / 산비둘기나 집비둘기 새끼
   속죄 제물 : 집비둘기나 산비둘기 새끼

13장

1. 제사장
2. 부정하다.
3. 이레 동안 살펴본다.
4. 부정하다! 부정하다!
5. 악은 어떤 모양이라도 버려야 한다.

14장

1. 제사장
2. 정결한 새 두 마리, 백향목, 홍색실, 우슬초
3. 속건제, 속죄제, 번제, 소제
4. 1차 : 진영 밖, 2차 : 거룩한 장소
5. 집을 허물어 모두 진 밖에 버린다.

15장

1. 부정한 자로
2. 유출 병자의 침상과 앉았던 자리

3. ① 7일을 기다린다.
   ② 옷을 빨고 흐르는 물에 몸을 씻는다.
   ③ 여덟째 날에 산비둘기 두 마리나 집비둘기 새끼 두 마리를 제사장에게 주어 속죄제와 번제로 드린다.
4. 옷을 빨고 물로 몸을 씻는다.
5. 물과 피 / 예수 그리스도의 대속

16장

1. 하나님이 임재하시는 곳이기 때문, 아무 때나 들어가면 죽기 때문
2. 자기와 집안에 대해
3. 한 마리는 여호와를 위하여 희생제물로, 한 마리는 아사셀을 위해.
4. 일곱째 달 십 일
5. 본토인과 거류민

17장

1. 회막문
2. 화목제
3. 우상 섬기는 일을 막기 위해
4. 피
5. 끊어진다.

18장

1. 문란한 결혼 풍습과 성도덕
2. 근친상간 금지
3. 백성 중에서 끊어짐
4. 가증한 풍속을 하나라도 따름으로 스스로 더럽히지 말라
5. 스스로 답

19장

1. 거룩하라
2. 하나님
3. 사랑과 긍휼

4. 이웃사랑
5. 나는 너희의 하나님 여호와니라.

20장

1. 성소를 더럽히고, 성호를 욕되게 함
2. 그의 백성 중에서 끊는다. / 돌로 쳐 죽이라
3. 불사를지니(화형)
4. 땅이 이스라엘 백성을 토해냄
5. ① 나 여호와가 거룩하므로
   ② 이스라엘을 하나님 소유로 삼으려고

21장

1. 어머니, 아버지, 아들, 딸, 형제, 시집가지 않은 자매
2. 거룩
3. 거룩히 여기라
4. 대제사장은 어떤 시체(부모의 시체)도 가까이하지 말아야 한다.

22장

1. 죽음
2. 제사장 가족과 제사장이 값을 치르고 산 종, 그 종의 자녀로 태어난 자,
   혼자 사는 제사장 딸
3. 흠 없는 수컷
4. 여덟째 날 이후(8일)
5. 애굽 땅에서 인도하여 내심(출애굽)

23장

1. 스스로 답
2. 무교병(누룩을 넣지 않은 빵)
3. 백성들이 제물로 가져온 곡식단을 제사장은 여호와 앞에서 안식일 이튿날에 흔들어
   바침
4. 다 베지 말고, 떨어진 것을 줍지 말라

5. 초막절

24장

1. 감람나무 열매를 찧어낸 순결한 기름(올리브기름)
2. 안식일마다.
3. 제사장이 거룩한 곳에서
4. 돌로 쳐 죽임
5. 하나님 명령

25장

1. 희년에 대해 :
2. 이웃을 속이지 말라
3. 3년
4. 무르기(주인에게 돌려줌)
5. 함께 생활하며, 돈을 꾸어 주되 이자를 받지 말 것(가난한 자에게 이득을 취하는 것을 금함)

26장

1. 우상을 만들지 말고 경배하지 말 것, 안식일을 지키고 성소를 경외할 것
2. 철 따라 비, 배부른 음식, 땅에 안전 거주, 원수를 쫓음, 번성(창대)
3. 폐병, 열병, 눈이 어둡고 생명이 쇠약하게 됨, 대적에 패함 (육체적 정신적 질병에 이어 전쟁에 패하게 됨)
4. 일곱 배나 더 징벌
5. 땅이 황무지가 되고, 여러 민족 중에 흩어질 것

27장

1. 은 오십 세겔
2. 정한 가격에 오 분의 일을 더함
3. 여호와께 드린 사실을 감추고 몰래 밭을 팔았을 경우
4. 가축 중에 처음 난 것
5. 하나님

1장

1. 20세 이상 싸움에 나갈 만한 모든 자
2. 둘째 달 첫째 날 (하나님의 명령이 내려진 바로 그날)
3. 육십만 삼천오백오십 명(603,550명)
4. 계수하지 말라는 하나님 명령
5. 세 가지
   ① 증거의 성막과 거기에 딸린 모든 기구와 부속품 등을 걷고 운반하고 세워야 할 책임.
   ② 증거의 성막을 지키며 관리
   ③ 증거의 성막 사방에 진을 치고 지킴

2장

1. 유다, 잇사갈, 스블론 / 십팔만 육천사백 명
2. 르우벤, 시므온, 갓 / 십오만 천사백오십 명
3. 에브라임 므낫세, 베냐민 / 십만 팔천백 명
4. 단, 납달리, 아셀 / 십오만 칠천육백 명
5. 스스로 답

3장

1. 나답, 아비후, 엘르아살, 이다말
2. 여호와 앞에 다른 불을 드리다 죽음
3. 스스로 답
4. 1개월
5. 하나님 것

4장

1. 지성물
2. 성막 장막 덮개, 뜰의 휘장, 성막과 뜰의 문, 줄과 부속 기구들을 관리
3. 성막의 널판, 띠, 기둥, 받침, 뜰 사면 기둥과 그 받침, 말뚝, 줄 등을 맡아서 관리
4. ① 나이 별(30세~50세) ② 회막에서 복무하고 봉사할 사람
5. 스스로 답

5장

1. 나병 환자, 유출 증세가 있는 자, 주검으로 부정하게 된 자
2. 지은 죄를 자복함, 원금에 오 분의 일을 더하여 갚음,
3. 제사장에게 배상
4. 제사장에게 데리고 가서 판별을 받게 함

6장

1. 나실인
2. 포도주, 독주, 포도주로 된 초, 독주로 된 초, 포도즙, 생포도, 건포도, 포도나무 소산 (씨와 껍질)
3. 회막문
4. ① 번제물 : 일 년 된 흠 없는 숫양 한 마리 / 속죄제 : 일 년 된 흠 없는 어린 암 양 한 마리
   ② 화목제물 : 흠 없는 숫양 한 마리, 무교병 한 광주리
   고운 가루에 기름 섞은 과자들, 기름 바른 무교 전병들
5. ① 여호와는 복을 주시고
   ② 너를 지키시며
   ③ 그의 얼굴을 비추사 은혜 베푸시고
   ④ 그 얼굴을 네게로 향하여 드사, 평강 주시기를 원하노라.

7장

1. 그들은 그 어깨로 메는 일을 하기 때문
2. 소 두 마리, 숫양 다섯 마리, 숫염소 다섯 마리, 일 년 된 어린 숫양 다섯 마리
3. 속죄소.
4. 12일

8장

1. ① 속죄의 물을 뿌리고 ② 전신을 삭도로 밀고 ③ 의복을 빨게 함
2. 레위인
3. 애굽에서 열 번째 재앙인 초태생을 치던 날의 사건
4. 25세부터 49세까지

9장

1. 시내 광야
2. 첫째 달 열 넷째 날 해질 때
3. 둘째 달 열 넷째 날 해질 때
4. 그 백성 중에서 끊어짐
5. 구름과 불

10장

1. 하나님이 너희를 기억하시고 대적에게서 구원하심
2. 유다
3. 게르손과 므라리
4. 고핫 자손
5. 호밥

11장

1. 백성이 악한 말로 원망하여서
2. 백성의 장로와 지도자 칠십 명을 세우라
3. 모세와 함께 백성의 짐을 담당하게 하여, 모세 혼자 감당하지 않도록
4. 메추라기
5. 기브롯 핫다아 / 욕심을 낸 백성을 장사함

12장

1. 구스 여자를 취하였기 때문에
2. 그의 충성심과 대면하여 말하는 종
3. 나병
4. 모세에게 용서를 구했다.
5. 하나님께서 세우신 지도자에 대한 영적 권위에 순복하는 것이 하나님께 순복하는 것이다.

13장

1. 12명

2. 호세아
3. 포도송이, 석류, 무화과
4. 40일
5. 갈렙

14장

1. 한 지휘관을 세우고 애굽으로 돌아가자
2. 인내와 인자가 많으신 하나님, 용서의 하나님
3. 맹세한 땅을 결단코 보지 못할 것이다.
4. 스스로 죄악을 담당하게 하시고 하나님이 싫어하시면 어떻게 되는지 알게 하시려고
5. 모세의 만류에도 가나안땅을 정복하러 올라갔다.

15장

1. 거제
2. 수송아지 한 마리와 숫염소 한 마리
3. 일 년 된 암염소
4. 백성 중에서 끊어짐(죽임을 당함)
5. 여호와의 계명을 기억하고 마음과 눈의 욕심을 따라 음행하지 않게 하여
   거룩한 백성이 되도록

16장

1. 고라, 다단, 아비람, 온, 지휘관 250명
2. 회중도 거룩한데 모세가 너무 많은 권위를 스스로 세운다고 비난했다.
3. 하나님께서는 회중 모두를 멸하려고 하셨다.
4. 회중을 용서해 달라고 간구하였다.
5. 땅이 갈라져서 주동자들과 그들에게 속한 모든 사람 물건을 삼켰고,
   고라와 추종 세력 250명은 분향하는 도중 불에 타 죽었다.

17장

1. 각 가문의 지파 지휘관들의 지팡이를 하나씩 가져오게 하심
2. 회막 안 증거궤 앞

3. 증거궤는 하나님을 만나는 곳으로, 누가 택함을 입은 제사장 자격이 있는지 보여주시려고
4. 후대 사람들이 싹이 난 아론의 지팡이를 보고, 하나님께서 세운 지도자에게 반역하는 죄를 범하지 않게 하려고
5. 여호와의 성막에 가까이 나아가다 죽임을 당할까 봐

18장

1. 아론과 그의 아들들
2. 성소의 기구와 제단의 일(제사장의 일)
3. 선물
4. 여호와께서 아론과 아들들의 기업이 되시기 때문에
5. 이스라엘 백성이 하나님께 바친 십일조였다.

19장

1. 인류의 죄를 담당하시고 십자가에 돌아가신 예수 그리스도를 상징한다.
2. 짐승의 피를 손가락에 찍어 회막 앞을 향해 일곱 번 뿌렸다.
3. 백향목과 우슬초와 홍색 실.
4. 제3일과 제7일에 정결케 하는 잿물로 뿌림
5. 백성 중에서 끊어지게 됨

20장

1. 마실 물이 없어서
2. 회중을 떠나 회막문에 이르러 엎드려 하나님께 간구했다.
3. 지팡이를 가지고 형 아론과 함께 회중을 모으고 반석에게 명령하여 물을 내라고 하심
4. 모세와 아론이 회중에서 하나님 명령을 어겨 거룩함을 드러내지 못해서
5. 이스라엘이 에돔 지경을 통과할 수 있도록 허락해달라고 함

21장

1. 그들을 죽이기 위해 애굽에서 광야로 인도했다고 함
2. 불 뱀들을 백성 중에 보내어 백성을 물게 하여 죽은 자가 많게 됨
3. 자신들의 죄를 회개하고 모세에게 기도하여 뱀들을 떠나게 해달라고 부탁함

4. 놋 뱀을 바라보면 살듯이 예수님을 믿고 바라보면 죄 용서와 구원을 받고 영원한 생명을 얻는다.
5. 아모리 왕 시혼, 바산 왕 옥

22장

1. 이스라엘이 아모리 사람들을 멸한 것을 보았기 때문에
2. 이스라엘 백성을 저주하게 하려고
3. 여호와의 사자가 칼을 빼어 손에 들고 길에 선 것을 보고 피하려고
4. 나귀의 입을 열어 말하게 하심
5. 발람이 하나님의 뜻을 알고도 악하게 이스라엘을 저주하러 가기 때문에

23장

1. 제단 일곱을 쌓고 수송아지 일곱 마리와 숫양 일곱을 준비하라고 함
2. 여호와께서 발람의 입에 말씀을 주심
3. 자신과 함께 다른 곳에 가서 이스라엘을 저주하라고 함
4. 거짓말하지 않고 후회하지 않으시며 말씀하신 것을 행하시는 하나님
5. 그들을 저주하지도 말고 축복하지도 말라

24장

1. 발람이 이스라엘을 축복하는 것을 하나님이 선하게 여기셨기 때문에
2. 이스라엘을 저주하라고 초청했으나 발람이 세 번이나 이스라엘을 축복했기 때문에
3. 여호와께서 말씀하신 대로 말하였기 때문에.
4. 아말렉은 민족들의 으뜸이나 그의 종말은 멸망이로다.
5. 자기 길로 돌아갔다.

25장

1. 음행과 우상숭배
2. 백성의 수령들을 잡아 태양을 향하여 여호와 앞에 목매어 달게 하심
3. 비느하스가 음행하는 두 남녀를 처형했기 때문에
4. 이만 사천 명
5. 그와 그의 후손에게 영원한 제사장 직분을 허락하시는 평화의 언약

26장

1. 20세 이상
2. 여리고 맞은편 요단 가 모압 평지
3. 육십만 천칠백삼십 명
4. 수가 많은 자는 많은 땅을 얻고 수가 적은 자는 적은 땅을 얻는다. 분배받을 땅의 위치는 제비를 뽑아서 결정한다.
5. 여호수아와 아론을 제외하고 모두 광야에서 죽음

27장

1. 말라, 노아, 호글라, 밀가, 디르사 (슬로브핫의 딸들)
2. 여호수아
3. 이스라엘 자손의 온 회중을 여호수아에게 복종하게 하라고 하심
4. 므리바 사건
5. 아바림 산

28장

1. 일 년 되고 흠 없는 숫양 두 마리
2. 아침, 해질 때
3. 유월절
4. 무교병
5. 아무 일도 하지 말라

29장

1. 나팔
2. 속죄일, 속죄제
3. 성회로 모이고, 심령을 괴롭게 하며 아무 일도 하지 말아야 한다.
4. 장막절(초막절, 수장절)
5. 장엄한 대회로 모여야 한다.

30장

1. 없음

2. 아버지
3. 지켜야 한다.
4. 남편
5. 6장

31장

1. 1,000명
2. 1만 2천 명, 비느하스
3. 5명
4. 미디안의 여자를 모두 살려 두어서
5. 진영 밖에서 7일 동안 몸을 깨끗하게 하고 옷을 빨고 후에 들어옴

32장

1. 르우벤, 갓
2. 많은 가축을 소유했고, 요단 동쪽 땅은 목축하기 좋은 땅
3. 하나님을 떠난 죄로, 하나님의 진노가 이스라엘 전체에 미칠까 봐
4. ① 가나안 정복 전쟁을 마칠 때까지 요단 동쪽으로 돌아가지 않겠다.
   ② 가나안 정복 후에도 요단 서쪽의 땅을 기업으로 받지 못한다.
5. 너희의 죄가 반드시 너희를 찾아낼 것이다.

33장

1. 라암셋
2. 출애굽 이후 40년째, 오월 초하루, 호르산
3. 원주민을 몰아내고, 석상과 우상을 깨뜨리며 산당을 헐고 땅을 점령한 뒤에 거주하라
4. 제비뽑기
5. 원주민들이 눈에 가시와 옆구리를 찌르는 것이 되어 이스라엘을 괴롭힐 것임.

34장

1. 대해(지중해)
2. 9 지파 반(르우벤, 갓, 므낫세 반 지파는 요단 동쪽의 땅을 가졌음)
3. 제사장 엘르아살, 눈의 아들 여호수아

4. 한 사람
5. 레위 지파

35장

1. 이천 규빗(동서남북으로)
2. 도피성, 6 성읍
3. 48 성읍
4. 죽이라
5. 기름 부음 받은 대제사장이 죽었을 때

36장

1. 슬로브핫의 딸들이 다른 지파 남자와 결혼하면, 물려받은 땅이 다른 지파에게 귀속되는 것을 염려하였다.
2. 희년은 '면제' '사면의 해'를 뜻하며, 7번의 안식년 뒤에 오는 해 (7년에 한 번 안식년 7×7=49. 그다음 해인 50년째가 희년)
3. 슬로브핫의 딸들은 같은 지파(므낫세)의 남자에게만 시집갈 수 있다.
4. 명령대로 행함(순종했다)
5. 여리고 맞은편 요단강 강가 모압

성경대탐험 교재는
성도들을 참 그리스도인으로
세워가는 말씀 훈련 교재입니다.

하나님의 감동으로 기록된 성경 말씀만이
사람을 교훈하고, 책망하며, 바르게 하고,
의로 행하게 하여 영원한 생명으로 인도하는
가장 위대한 책이기 때문입니다.

성경이 이끌어 가는 목회지침서

성경대탐험 구약 ❸권

레위기·민수기

초판 1쇄 인쇄 2025년 3월 25일

지은이 배국순
발행인 김용성
기획·편집 출판사역팀
디자인 새한기획
제 작 정준용
보 급 이대성

펴낸곳 요단출판사
등 록 1973.8.23. 제13-10호
주 소 07238) 서울특별시 영등포구 국회대로 76길 10
기 획 (02)2643-9155
보 급 (02)2643-7290 Fax(02)2643-1877
요단기독교서적 교회용품센터 (02)593-8715
대전침례회서관 (042)256-2109

값 13,000원

ISBN 978-89-350-2000-3 04230
978-89-350-0001-2 (세트)

- **세미나 문의 및 후원 :**
  - 성경대탐험 바이블 연구원(010-4118-6610)
  - 카카오톡 오픈 채팅 : BBB 성경대탐험 (pw: 0691)
  - 교회진흥원 교회사역팀 (02-2643-7390)